PIERRE LASSERRE

Les
Idées de Nietzsche
sur la Musique

PARIS

SOCIÉTÉ DV MERCVRE DE FRANCE

XXVI, RVE DE CONDÉ, XXVI

—

MCMVII

LES IDÉES DE NIETZSCHE

SUR LA MUSIQUE

DU MÊME AUTEUR

PIERRE LASSERRE

Les
Idées de Nietzsche
sur la Musique

PARIS

SOCIÉTÉ DV MERCVRE DE FRANCE

XXVI, RVE DE CONDÉ, XXVI

MCMV

JUSTIFICATION DU TIRAGE :

A MONSIEUR

HENRI LICHTENBERGER

MAITRE DE CONFÉRENCES A LA FACULTÉ DES LETTRES
DE L'UNIVERSITÉ DE PARIS

Ce livre est respectueusement dédié.

P. L.

PRÉFACE

La musique a toujours tenu une grande place dans la pensée de Nietzsche. Au début de sa carrière d'écrivain, il considérait l'inspiration et l'émotion musicales comme une communication de la réalité métaphysique. Il attribuait à la musique un rôle capital, le premier rôle, dans la culture de l'esprit humain et de l'âme humaine. Et il attendait de son influence une régénération de la civilisation moderne, matériellement si riche, mais si dégénérée, pensait-il, dans ses éléments intellectuels et moraux. On peut dire qu'à ce moment la musique formait le tout de sa pensée. Il n'écrivait que « pour ceux qui sont nés, pour ainsi dire, des entrailles de la musique et dont le commerce avec les choses est presque uniquement constitué d'inconscients rapports musicaux (1). »

La ferveur de ses jeunes années pour Wagner est connue. Le présent travail fera voir que, même au moment où cette ferveur se montrait le plus ardente, les impressions directes que Nietzsche ressentait de la musique wagnérienne n'étaient pas, tant s'en faut, en parfaite concordance avec la haute signification historique et philosophique que ses théories et son imagination lui composaient.

Par là se trouvera élucidé, c'est-à-dire atténué, l'espèce de scandale que donna Nietzsche en accablant de ses sarcasmes les plus virulents et les mieux dirigés un art qu'il avait peu d'années auparavant pieusement célébré.

La véritable haine que Nietzsche en vint à concevoir pour l'art wagnérien se rattache d'ailleurs à une désillusion générale à l'égard de la musique. Après l'avoir placée dans une sphère

(1) *La Naissance de la Tragédie*, p. 148.

supérieure à celle de tous les autres arts et proprement divinisée, il la définit un art de décadence. Cette régénératrice de la civilisation devint comme un déchet voluptueux des civilisations moribondes. Il avait commencé par en rapporter l'inspiration au sentiment métaphysique de la Vie universelle ou plutôt de son infini Principe immanent. Il enseigna qu'elle s'alimente dans une rêverie nostalgique languissamment adressée à ce qui n'est plus et ne peut plus être. Sous cette perspective nouvelle, l'œuvre de Beethoven elle-même revêtit à ses yeux une couleur défaillante, presque morbide ; il fit de lui le pleureur des funérailles de la vieille Europe. Reprenant à son compte la prétention traditionnelle des Allemands à former une race primitive, un peuple « originaire », il avait au début expliqué par ce caractère, non plus précisément, comme Fichte, leur aptitude à la métaphysique, science du Commencement absolu, mais leur faculté de création musicale. Voici que cette supériorité s'expliquait par les impuissances de l'âme germanique, par le fait que les Allemands n'avaient jamais été dans l'ordre de la civilisation des initiateurs, des créateurs, mais toujours de paresseux épigones; que les rayons des civilisations brillantes et fortes créées sous d'autres cieux ne leur étaient arrivés que tardifs et pâlis; dans cette condition historique, leur disposition psychologique dominante devait être le regret, la vaine aspiration, le rêve; et l'expression de cette disposition, la musique.

Cette période de nihilisme musical correspond à la crise de scepticisme passionné sur toutes choses dont *Humain trop humain* constitue le principal témoignage. Nietzsche se forma par la suite une conception plus modérée. Après avoir furieusement déprécié sa première idole, qui n'avait pas été seulement la musique, mais la création esthétique en général, il trouva la voie de l'accord avec lui-même. Il s'appliqua à distinguer le sain et le malsain en art. Il définit avec une lucidité et une précision merveilleuses

l'opposition du classique et du romantique. Il
institua entre la musique ancienne et la musique
moderne, entre les formes de sensibilité qui
s'expriment dans l'une et celles qui s'expriment
dans l'autre, la comparaison la plus instructive.
Il donna du génie des principaux musiciens
modernes des caractéristiques subtiles et saisissantes. Il rechercha d'une façon générale quelle
place la discipline intellectuelle et morale de
l'homme moderne peut accorder à l'usage des
jouissances esthétiques; plus particulièrement,
il critiqua, du point de vue d'une âme bien
ordonnée, maîtresse d'elle-même, la qualité, les
dangers possibles des émotions et des plaisirs
que donnent la musique et les diverses musi-
ques. Il esquissa, conformément aux idées géné_
rales auxquelles il était parvenu et au goût
qu'il tenait pour le plus mûr et le plus éprouvé,
diverses images suggestives et brillantes d'une
bonne musique de l'avenir.

Problèmes capitaux dont la solution n'engage
pas seulement le destin de l'art, mais intéresse au

plus haut point la haute économie de la nature humaine.

Même dans ses excès théoriques, soit quand il déifiait la musique, soit quand il faisait profession de la mépriser, Nietzsche les aura agités de la manière la plus féconde. C'est qu'il sentait la musique très vivement, qu'il l'entendait assez pour en parler avec autorité et qu'à cette sensibilité aiguë et à cette sérieuse compétence il joignait d'être philosophe. « Je ne sais pas jouer de la flûte, mais je sais s'il faut en jouer, » disait un ancien. C'est chose rare et presque héroïque qu'un beau joueur ou un amateur passionné de flûte conçoive l'inquiétude de cette question.

Si la musique ne s'adressait pas à l'intelligence et aux parties supérieures du sentiment, elle ne mériterait pas le nom d'art, et il conviendrait de la reléguer au niveau esthétique des danses lascives. Mais, de tous les arts, elle est de beaucoup celui qui, par sa nature même, a la plus forte prise sur la sensation et dispose des moyens de séduction physique les plus puissants. La prédominance du matériel sur l'intellectuel, de la commotion nerveuse sur l'exaltation sentimentale, caractérise les voluptés que procure un art musical savant et corrompu. Et cette corruption n'est pas esthétique seulement, elle menace l'intégrité de la pensée et de la volonté chez l'auditeur. La jouissance de la musique peut en venir à ne différer qu'en degré plutôt qu'en nature de celle qu'on demande aux stupéfiants. Quelles sont donc les lois, les fermes lois éternelles, lois aussi saintes que celles des nombres, que la musique doit observer pour que la luxuriance, les prestiges de ses jeux matériels, si loin qu'ils aillent, portent l'enchantement à l'esprit et aux sens en même temps? Quelle est, de ce haut et nécessaire point de vue, la signification et la valeur de la révolution opérée, du moins commencée dans la musique, par Wagner? Que penser de la place si grande prise depuis quelques années par la musique parmi les plaisirs des civilisés?

En outre, la musique semble merveilleusement propre à s'associer aux autres arts et principalement au drame. Mais que de scrupules, ou du moins de méditations, cette association impose à l'esthéticien réfléchi! Le drame vit de vérité, d'observation et d'analyse; il est vrai ou il n'est pas. Mais la musique n'est-elle pas essentiellement lyrique, subjective, incapable d'analyse? a-t-elle rien à voir avec le vrai? Qu'est-ce donc alors que l'opéra? Autrefois, il passait pour un genre en somme frivole et venait immédiatement au-dessus du ballet dont au surplus il ne se séparait pas. Mais voici que notre époque en a fait un grand genre, que Wagner a prétendu en faire le plus grand des genres, si du moins les œuvres de Wagner sont des opéras, ce qui est à examiner.

Sur toutes ces questions Nietzsche a prodigué des vues qui portent fort loin.

Des trois périodes en lesquelles nous avons sommairement divisé le développement de sa pensée sur l'esthétique musicale, nous n'étudierons ici que la première.

Nous en pourrions donner pour unique raison le droit qu'a un écrivain de limiter, comme il lui plaît, son sujet, à condition de ne le point mutiler et d'en tirer quelque enseignement.

Mais cette limitation, un peu étroite, s'autorise aussi d'une raison intrinsèque.

A partir de sa période sceptique, Nietzsche devient ce qu'il n'était pas auparavant, un écrivain de la plus brillante lucidité. Auparavant, il était génial, mais confus. Sa pensée philosophique et sa sensibilité esthétique étaient obscurément, mais profondément divisées contre elles-mêmes ; il s'évertuait à fondre dans une doctrine unique des théories et des goûts de nature et de provenance fort hétérogènes. Par la suite, je ne dis point qu'on ne trouve point dans son œuvre des idées ou même des séries d'idées contradictoires. Mais, prises à part, ces idées sont claires et ces séries s'enchaînent logiquement. Au contraire cette préface géniale, répétons-le, mais singulièrement mêlée et ténébreuse, de sa vie intellectuelle impose un travail de discrimination et d'élucidation. C'est ce travail que nous avons entrepris en ce qui concerne les opinions de Nietzsche sur la musique ; nous nous sommes proposé de distinguer les conceptions et les tendances principales entre lesquelles se distribuent le contenu de *la Naissance de la Tragédie*, de *Richard Wagner à Bayreuth* et des notes et projets posthumes si nombreux et précieux qui se rapportent à ces deux ouvrages ou appartiennent à l'époque de leur composition. On les trouvera dans les tomes IX, X et XIV des Œuvres et dans le second volume de *la Vie de Nietzsche* par Mme Förster-Nietzsche.

Nous nous sommes permis quelques appréciations critiques uniquement à propos des thèses d'esthétique musicale. Quant aux conceptions de métaphysique ou de philosophie de l'histoire auxquelles ces thèses sont rattachées et dont il était nécessaire de dire un mot pour rendre ces thèses intelligibles, le lecteur aura sans doute l'impression qu'autant elles sont intéressantes, autant la critique en est aujourd'hui superflue.

La Naissance de la Tragédie a été traduite en français par MM. Jean Marnold et Jacques Morland. Mme Marie Baumgartner a publié, en 1877, une traduction de *Richard Wagner à Bayreuth*. Il n'existe pas de traduction française des autres textes dont nous nous sommes servi. Nous nous sommes aidé des traductions existantes, sans oublier cependant que la responsabilité du sens de tous les textes cités ou commentés nous incombait.

Les références renvoient au texte allemand.

LES DONNÉES GÉNÉRALES
DE L'ESTHÉTIQUE DE NIETZSCHE

I

LA « MÉTAPHYSIQUE D'ARTISTE »

Les premières idées de Nietzsche sur la musique se rattachent, ou du moins il les rattache à une conception métaphysico-esthétique de l'univers.

Il a exposé cette conception dans son premier livre : *la Naissance de la Tragédie* (1871) (1), qui est un livre de jeunesse et un livre de génie. La personnalité de penseur et d'artiste la plus

(1) *La Naissance de la Tragédie* fut mise en vente en janvier 1872.

singulière, la plus impérieuse, y éclate à toute ligne. Cependant, l'auteur de vingt-cinq ans s'évertue à faire parler dans le même sens les maîtres à bien des égards ennemis qui se sont profondément emparés de sa sensibilité : Schopenhauer, Wagner et les Grecs. Il déploie d'étonnantes ressources de dialectique allemande pour se convaincre que pessimisme, esthétique wagnérienne et hellénisme répondent à trois états de l'esprit et du sentiment inclus l'un dans l'autre et procédant de la même inspiration profonde. Il démontre que le génie grec a été essentiellement un génie musical, que ce génie, longtemps étouffé dans l'humanité par la philosophie socratique, puis par le christianisme, a reparu dans la musique moderne, surtout chez Richard Wagner, et qu'enfin l'instinct et le besoin de création musicale présupposent une vue pessimiste du monde.

Nous n'exposerons de ce système que ce qui est strictement nécessaire pour l'intelligence des théories de Nietzsche sur la nature essentielle de la musique, son rapport aux autres arts, son rôle dans la culture de l'esprit humain.

Le point de départ de la pensée de Nietzsche, c'est le panthéisme pessimiste. Il fait dériver le mal et le malheur radical dont souffre le monde de la nature même de sa cause immanente. Indéterminé et infini, l'Être absolu porte en soi une guerre sans bornes. Étant tout (ou, ce qui revient au même, n'étant rien), il est le chaos de tous les contradictoires. Cet état est, par définition, un état où il ne peut demeurer. La torture infinie de son indétermination est par elle-même une force qui contraint l'Être à se déterminer en des êtres finis. De là le monde; il a pour mère la Douleur.

En dehors de l'Etre absolu et de son mal absolu rien n'étant, rien ne règle la production de ces réalités finies en lesquelles il se détermine. L'univers, considéré dans son ensemble, n'offre pas trace de providence, ni de finalité, ni de logique. Dieu n'enfante pas, comme disait Leibniz, « le meilleur des mondes possibles », mais tous les mondes possibles pêle-mêle. L'univers est, spéculativement parlant, un non-sens.

Un Dieu « absolument dénué de scrupule et de morale » s'y distrait, monstrueux dilettante, de sa souffrance.

… Il construit et détruit, il produit le bien et le mal avec un égal plaisir pour jouir de ce plaisir et de sa propre souveraineté ; il se délivre, en créant des mondes, du tourment de sa plénitude et de sa pléthore, de la souffrance des contrastes accumulés en lui (1).

Tout ce qui existe procède d'une rage infinie d'exister pour exister, qui est le fond des choses, qui ne se soumet à rien.

Seulement tout ce que nous voyons et croyons être n'est pas réellement. Le monde ou les mondes en lesquels l'être absolu se détermine ne sont que des apparences de réalités. Métaphysiquement parlant, la vie est un rêve qui se nour-

_____

(1) *Naissance de la Tragédie*, préface de 1886, p. 8.

rit de rêves, du négatif qui se prend pour du positif, un vain et éphémère essai de négation de la seule réalité véritable, de l'Etre absolu, c'est-à-dire du chaos infini. La vie est le mirage ; la réalité c'est la mort. La vie est « représentation », quelque chose que l'Etre absolu se représente être, pour apaiser la souffrance d'être ce qu'il est, un rêve organisé qu'il oppose, en manière de consolation, à son inorganisation absolue. Mais par delà les contours de ce rêve, l'esprit philosophique ne cesse pas d'apercevoir la nuit horrible qui l'engendre.

Entre toutes les représentations flottantes sur l'abîme de l'Etre absolu, l'individu humain est celle qui, nourrissant la plus forte croyance à sa propre réalité comme à la réalité de tout ce qui a du rapport à elle, répond éminemment aux fins d'illusion enivrée de Dieu.

De cette étrange métaphysique, Nietzsche a écrit avec insistance que, si elle séduisit sa jeunesse, ce fut comme « métaphysique d'artiste » (1), en tant qu'elle faisait de l'art, et non de la morale, ni de la science, l'activité essentiellement métaphysique de l'homme.

En effet, le Dieu nietzschéen n'est-il pas le suprême esthète ? De même que l'artiste humain mal satisfait des objets et des individus défectueux, à demi avortés, que lui présente la nature, compose, dans un but exclusif de satisfaction contemplative, des formes plus harmonieuses, plus dignes de vivre que tout ce qui se présente à ses sens, pareillement l'Etre absolu ne déroule dans les cadres illusoires de l'espace, du temps et de la causalité, le vain tableau du monde et de la vie, que pour se distraire du désordre et de la contradiction infinie qui le déchirent.

Mais l'activité esthétique, soit en Dieu, soit en l'homme, a une double nature. En tant qu'il « s'enchante des visions de l'apparence », on peut dire que Dieu *rêve*. En tant qu'il se ressent lui-même, comme débordant de son essence inépuisable toutes les apparences qu'il

(1) *Œuvres*, t. XIV, p. 365.

crée et capable d'éternel enfantement, il est en proie à l'*ivresse.*

On en peut dire autant de l'artiste humain. D'une part, il aspire à la contemplation ou à la création de formes parfaitement harmonieuses, qui lui procurent, par opposition au chaos de l'universel devenir, l'impression consolante d'une réalité achevée, digne de constituer une fin en soi et de durer éternellement. D'autre part, il prend conscience de la réalité elle-même, des possibilités débordantes de l'universelle vie, qui est aussi l'universelle mort; et cette perception métaphysique se confond avec le sentiment enivré qu'il a de ses propres forces créatrices.

Il y a là deux états psychologiques, deux formes de génie à la fois solidaires et contradictoires : l'état ou le génie *apollinien ;* l'état ou le génie *dionysiaque.*

Expériences psychologiques fondamentales : le nom d'*apollinien* désigne le ravissement soutenu en présence d'un monde créé par la fiction et le rêve, du monde de l'apparence belle qui nous affranchit du devenir ; d'autre part, le nom de Dionysos désigne le sentiment actif du devenir, la participation subjective à la volupté effrénée de créer, mêlée de la rage de détruire.

Antagonisme de ces deux expériences et des désirs auxquels elles se ramènent : le premier veut dans l'apparence le caractère d'éternité ; devant une apparence qui a ce caractère, l'homme devient silencieux, sans désirs, uni comme la mer, guéri, d'accord avec lui-même et avec toute existence ; le second pousse au devenir, à la volupté de travailler au devenir, c'est-à-dire à créer et à anéantir (1).

A la dualité des instincts esthétiques fondamentaux correspond une division étrange des arts. D'un côté, les arts apolliniens qui sont les arts plastiques et la littérature « épique » ; de l'autre, l'art dionysiaque, la musique, que son essence oppose à l'ensemble des autres arts.

Les deux divinités grecques de l'art, Apollon et Dionysos, représentent les deux termes de l'extraordinaire contraste que nous avons reconnu exister dans le monde grec entre l'origine et les fins de l'art

(1) T. XIV, p. 364.

plastique, art d'Apollon, et celles de l'art non plastique, de la musique, art de Dionysos (1).

Les arts apolliniens ont pour fin la beauté.
Mais la beauté, bien loin d'être comme une
esthétique vulgaire se l'imagine, la quintessence de la réalité, en est la plus haute négation (2). La perfection dérobe à la mort les
créations de la beauté et leur prête l'indéfectible
jeunesse des dieux de l'Olympe, des personnages
homériques, des figures du Corrège. Dans la
réalité, rien ne dure, tout est devenir. L'inassou-
vissement éternel de l'Etre brise, à mesure qu'il
les détermine, les formes des êtres. La musique
exprime directement le devenir divin qui roule
la vie dans les flots du néant. Les autres arts
sont les arts de l'apparence, du phénomène, du
rêve. Elle surprend et traduit le « Noumène ».

Elle suit donc une loi radicalement différente
des lois des autres arts. Elle n'a pas pour fin la
beauté. Elle est étrangère et supérieure à la caté-

(1) *Naissance de la Tragédie*, p. 19.
(2) T. IX, pp. 201 et 202.

gorie du beau. Il n'y a pas de beau musical. Le beau a pour caractère l'ordre et la mesure. Le caractère de la musique inspirée, c'est le tumulte d'une ivresse intérieure, le déchaînement, le « démesuré ». Quand elle cherche à procurer le plaisir qui s'attache aux belles formes, elle se trompe sur elle-même et dégénère.

Richard Wagner a établi dans son *Beethoven* que la musique doit être appréciée d'après de tout autres principes que tous les arts plastiques et, d'une façon générale, qu'elle ne doit point l'être d'après la catégorie du beau, bien qu'une esthétique égarée, serve d'un art faussé et dégénéré, partant de ce concept de beauté qui vaut pour le monde de la plastique, se soit habituée à exiger de l'art musical une action semblable à celle des arts plastiques, savoir la production *du plaisir des belles formes* (1).

Cependant, si opposées que soient entre elles l'inspiration apollinienne et l'inspiration dionysiaque, il ne s'ensuit pas qu'elles puissent s'affirmer indépendamment l'une de l'autre, du moins avec puissance.

(1) *Naissance de la Tragédie*, p. 111.

Le ravissement apollinien est solidaire de l'ivresse dionysiaque, puisque c'est l'horreur et l'effroi de l'universelle destruction qui nous fait rêver l'éternité par le beau. Mais comme la réalité est antérieure à l'apparence, comme la loi absolue du devenir domine l'infinité de ce qu'il fait et défait, l'inspiration dionysiaque précède et domine l'inspiration apollinienne. La musique est donc la génératrice de tous les arts. L'élément musical est donc le levain de toutes les créations esthétiques. Les créations poétiques et plastiques les plus fermes en leur contour, dès lors qu'elles portent un puissant accent de vie, ont été tout d'abord musicalement pensées et la sensation la plus profonde qu'on en puisse avoir est de nature musicale.

La musique n'a pas pour but la beauté! Il n'y a pas de beau musical! La musique est la mère des autres arts! Assertions téméraires, ou plutôt étranges, dont nous avons maintenant à suivre le développement et à rechercher la signification réelle, sur le terrain de l'esthétique,

3.

après en avoir montré la déduction métaphysique.

II

LA PSYCHOLOGIE DE L'ART

Auparavant, il importe de dégager du nuage de cette métaphysique quelques idées parfaitement positives et concrètes de psychologue qui en demeureront le résidu durable, quand le nuage, dans l'esprit même de Nietzsche, sera tombé.

Combien je regrette, écrivait-il quinze ans après la publication de *la Naissance de la Tragédie*, d'avoir péniblement cherché à exprimer, à l'aide de formules kantiennes et schopenhauériennes, des estimations nouvelles et insolites qui étaient radicalement opposées à l'esprit autant qu'au goût de Kant et de Schopenhauer (1).

Ces « estimations nouvelles et insolites », il continuait donc de leur trouver de la valeur. Il y a, en effet, une certaine psychologie de l'art

(1) *Naissance de la Tragédie*, préface de 1886, p. 10.

sur laquelle Nietzsche n'a jamais varié. Elle est déjà présente dans la « métaphysique d'artiste », celle-ci en reçoit un intérêt qui compense et au delà son enchevêtrement dialectique.

i. — Tout d'abord il n'y a, aux yeux de Nietzsche, aucune différence entre le beau et l'agréable. Et l'agréable, c'est la fiction.

C'est une conception fort répandue parmi les esthéticiens philosophes (et on n'a garde de la repousser) que le beau est un degré supérieur du vrai, que l'art perfectionne les êtres ou les objets qu'il imite, mais dans leur propre sens, en dégageant des traits mélangés de l'individu le type qu'ils enveloppent réellement sans le laisser transparaître dans sa pureté et sa plénitude. Cette conception est, selon Nietzsche, l'interprétation philosophique fausse d'une donnée esthétique juste. Il est vrai que le but de l'œuvre d'art c'est de produire des types, des formes définies, consommées, parfaites. Mais ces types, ces formes, l'art ne les dégage pas du réel, il ne les y lit point, parce qu'ils n'y sont point du tout enveloppés; il les crée. La philosophie de Nietzsche, se résolvant en phénoménisme absolu, n'admet d'autre réalité objective que l'écoulement éternel de toutes les parties de l'univers et ne saurait reconnaître dans la nature des choses ces linéaments fixes, ces moules permanents que nous appelons types, essences, genres, espèces. Assurément si la matière phénoménale ne se distribuait pour nos sens et notre intelligence en types, essences, genres, espèces, nous ne pourrions ni parler, ni penser. Qu'est-ce à dire ? que nos sens et notre intelligence sont essentiellement artistes. Ou plutôt l'artiste, c'est l'instinct vital (métaphysiquement parlant, la volonté) qui, maître des fonctions de l'esprit comme de toutes fonctions, nous compose cette croyance nécessaire à un certain degré d'ordre, de cohérence, d'harmonie, de stabilité et de finalité dans la nature et dispose devant nous, dans tous les sens, des perspectives conformes à cette croyance. L'illusion qui nous fait croire à une certaine unité et logique universelle des choses n'est, à vrai dire, que l'objectivation infiniment multipliée de l'illusion interne qu'a le moi de constituer lui-même une réalité une, stable, définie, harmonique. Il y a un degré minimum de cette illusion, indispensable à tout être qui pense, propre dès lors à accorder tous les hommes, correspondant à ce que nous appelons connaissance, représentation vraie, lequel est déjà en son fond création esthétique. Le besoin esthétique proprement dit, du moins sous sa forme « apollinienne », commence là où ce minimum d'ordre et de cohérence des parties qui caractérise la représentation vraie, définissable, comportant un nom, ne suffit plus à la satisfaction de l'esprit. Et la force de ce besoin se proportionne à la sensibilité et à l'énergie de l'instinct vital, lesquelles nous font d'autant plus souffrir de toute la désharmonie inhérente aux choses qu'elles sont elles-mêmes plus vives. Le « beau », qui apporte à ce besoin sa satisfaction, ne saurait donc consister dans cette imitation approfondie des objets dont parlent la plupart des esthéticiens philosophes. Il est au contraire une falsification idéale. Il efface de la figure des objets et des êtres toutes les traces du « devenir », de la contradiction interne que, même soumis à l'unité artificielle et superficielle du concept abstrait, ils ne laissent pas d'offrir, et qui les caractérisent comme réels ; il en défait « tous les plis », il en annule tout le désordre immanent pour leur prêter l'aspect de natures achevées, heureuses, épanouies dans la plénitude de leur essence. Platon enseignait que les objets sensibles n'ont, dans leur grossière imperfection, qu'une ombre d'existence et que les idées qui contiennent l'essence pure et parfaite des choses sont seules réelles. C'est tout l'opposé pour Nietzsche. Mais si l'idée est pour lui l'irréel, elle est pour lui comme pour Platon le beau et le bon, et cela en proportion de son idéalité.

Ma philosophie est platonisme retourné. Plus une

chose est éloignée de la véritable existence, plus elle est pure, belle et bonne (1).

Fiction, tel est donc essentiellement le beau. Mais pourquoi composerions-nous et contemplerions-nous du fictif si ce n'est pour notre plaisir? Le beau naît du plaisir, le plaisir en est le seul signe.

Qu'est-ce que le beau? Une sensation de plaisir... Le but du beau est de séduire à l'existence. Qu'est-ce, à proprement parler, que cette action séductrice? Elle est négative. C'est un voile jeté sur le pénible, l'effacement de tous les plis, le regard serein émanant de l'âme de la chose.

« Voir Hélène dans chaque femme » ; l'ardeur de l'instinct vital nous cache ce qui n'est pas beau. Négation du pénible, ou véritable ou apparente négation du pénible, tel est le beau. Le son de la langue maternelle en terre étrangère est beau. Le plus mauvais morceau de musique peut encore être ressenti comme beau en comparaison d'un insupportable hurlement, tandis que, comparé à d'autres morceaux de musique, il est ressenti comme laid..... Il faut qu'il y ait rencontre entre le besoin de la néga-

(1) T. IX, p. 290.

tion du pénible et l'apparence d'une telle négation.

En quoi consiste maintenant cette apparence ? En ce que toutes traces de la violence, de l'avidité, de la mêlée des forces, des contorsions d'une chose qui se distend sont dérobées à la vue. La question essentielle est la suivante : comment cela est-il possible ?.......
Uniquement de manière subjective, par le moyen d'une représentation, d'un fantôme interposé...
Le beau est un rêve heureux sur le visage d'un être dont les traits sourient d'espérance. Avec ce rêve, ce pressentiment en tête Faust voit « Hélène » dans chaque femme.

Chaque statue grecque peut nous enseigner que le beau n'est que négation.....

La beauté apparaît lorsque les impulsions particulières marchent parallèlement, mais non pas l'une contre l'autre...

L'idée platonicienne est la chose avec la négation de l'impulsion ou l'apparence de cette négation (1).

On ne saurait affirmer avec plus de décision l'antinomie du beau et du réel. Le beau est, pour Nietzsche, la splendeur du non-vrai. Loin de rechercher le vrai des choses, le génie esthétique, selon cette théorie, s'en détourne avec

(1) T. IX, pp. 201-202.

innocence. Alors même que, faute d'avoir exactement compris ce qu'il fait, le poète s'imagine peindre les êtres tels qu'il les a vus, la vie telle qu'il l'a observée et éprouvée, il cède au vertige d'une espèce d'enchantement et il enchante tout ce qu'il touche.

2. — Etant donnée cette conception de la nature du beau, il est assez aisé de comprendre comment, selon Nietzsche, l'existence même de l'art postule la vérité du pessimisme. La démonstration métaphysique de cette relation est l'objet même de *la Naissance de la Tragédie*. Mais elle se conçoit, indépendamment de toute métaphysique, comme donnée de psychologie positive. Pourquoi l'amour du beau, c'est-à-dire de l'irréel, serait-il si profondément enraciné dans l'esprit et le cœur des hommes, si le spectacle de la réalité sans voile n'avait de quoi les tuer de désespoir? Tous les besoins que nous a donnés la nature nous marquent autant de luttes nécessaires à soutenir contre la mort. Comment le besoin esthétique commun à toute

4

l'humanité ne serait-il pas, lui aussi, un besoin vital ? C'est le besoin de la fiction. Donc la vérité est affreuse.

Mon premier livre est consacré à la dissidence de l'art et de la vérité ; la croyance à l'art professée dans *la Naissance de la Tragédie* a pour fond une autre croyance : à savoir qu'il n'est pas possible de vivre avec la vérité : que la Volonté de Vérité est déjà un symptôme de dégénérescence... (1).

L'unique possibilité de vivre est dans l'art. Ou bien il ne reste qu'à se détourner de la vie. Complet anéantissement de l'illusion, voilà la tendance des sciences : il s'ensuivrait le quiétisme — n'était l'art (2).

Quelle est l'origine de l'art ? Il est le remède de la connaissance.

La vie n'est possible que grâce à des fantômes esthétiques (3).

Si les Grecs pré-socratiques ont été par excellence le peuple artiste, créateur et amateur passionné de beaux mythes et de fables charmantes, c'est qu'ils avaient, avec plus de hardiesse intel-

(1) T. XIV, p. 368.
(2) T. IX, p. 82.
(3) *Ibid.*, p. 189.

lectuelle que les autres peuples, mesuré la contradiction radicale, le non-sens de l'univers ;
mais cette hardiesse leur fut facilitée par l'ala-
crité d'imagination et d'humeur qui leur permettait de « jouer avec la vie ».

Il fallait la facilité et l'aisance de l'imagination
homérique pour assoupir et un moment supprimer la
conscience démesurément passionnée, l'intelligence
trop aiguisée des Grecs. La parole est-elle chez eux
à l'intelligence : combien âpre et cruelle apparaît
alors la vie ! Ils ne se font point d'illusion, mais ils
entourent exprès la vie d'un jeu de mensonges. Si-
monide conseillait à ses compatriotes de prendre la
vie comme un jeu ; le sérieux leur était trop connu
pour une douleur (la misère des hommes est justement le thème sur lequel les dieux aiment entendre
chanter), et ils savent que par l'art seul la misère
même pouvait devenir jouissance.

Quand Nietzsche dit que la culture et la jouissance du beau sont pour nous les seuls moyens
d'échapper au sentiment mortel d'une réalité
désespérante et de trouver le courage de « continuer de vivre », il veut parler pour lui-même
et pour ses pareils. Car il reconnaît qu'il y a

pour la nature humaine d'autres « stimulants »
à la vie, d'autres mirages vers la possession desquels peuvent se tendre ses forces créatrices. Le
plus puissant et le plus noble de tous après l'art
c'est la foi en l'intelligibilité de l'univers. La
prédication de Socrate l'apporta aux Grecs.
Mais par là même il atrophia chez eux les instincts esthétiques dont la décadence date de lui.
La philosophie socratique se représente l'univers comme réalisant dans sa totalité un enchaînement rationnel unique, un système de finalité auquel toutes ses parties se subordonnent
et où chacune trouve son explication. S'il en
était ainsi, l'intelligence humaine aurait lieu
d'espérer du progrès de la connaissance une
satisfaction adéquate au delà de laquelle elle
n'aurait vraiment rien à souhaiter. Mais cette
satisfaction ne comblerait pas moins le cœur et la
conscience. Car s'il nous était possible de connaître complètement l'économie et les fins de la
nature qui nous porte, il nous serait possible
d'en déduire avec certitude les meilleures maxi-

mes de conduite et de ménager l'accord du bonheur avec la vertu. La philosophie et la science prenant dès lors une valeur absolue, la création esthétique deviendrait, en comparaison, la chose la plus frivole. Il n'est pas besoin de dire quelle illusion le rationalisme socratique constitue au regard de la philosophie de Nietzsche. A ceux qui dédaigneraient son esthétique au nom de la valeur du vrai, il répond que la poursuite de l'explication universelle par une synthèse philosophique ou scientifique quelconque est elle-même un « divertissement ».

C'est un phénomène éternel : toujours l'avide vouloir-vivre trouve un moyen pour maintenir ses créatures dans la vie et les forcer à continuer de vivre à l'aide d'une illusion répandue sur les choses. Celui-ci est attaché à la vie par le bonheur socratique de la connaissance et par la chimère de pouvoir grâce à elle guérir les éternelles blessures de l'existence ; celui-là est entouré du voile séducteur de la beauté de l'art qui flotte devant ses yeux (1).

3. La célèbre théorie kantienne qui fait du

(1) *Naissance de la Tragédie*, p. 125.

4.

« désintéressement » la qualité distinctive du plaisir esthétique a eu sur la philosophie esthétique moderne l'influence la plus étendue. Il n'est pas possible de s'y opposer plus radicalement que Nietzsche. Plaçant nos idées, nos imaginations, nos tendances, nos goûts sous la dépendance suprême de l'instinct vital, il ne saurait y trouver un atome de désintéressement.

Depuis Kant, tout ce qui se dit de l'art, de la beauté, de la connaissance, de la sagesse, est dévirilisé et sali par le concept « désintéressé » (1).

Ces lignes sont d'une époque bien ultérieure à celle où nous nous plaçons. Mais c'était bien là sa pensée dès le début, quoiqu'il ne parlât de Kant que pour s'autoriser de sa philosophie à d'autres égards. A mesure que le pur psychologue se dégagera chez lui du métaphysicien, il s'appliquera à serrer de plus près, à définir en termes plus positifs la nature et les modes subtils de cet « intérêt » vital auquel pourvoit la jouissance esthétique. Il rêvera de faire de

(1) T. XIV, p. 132.

l'analyse des plaisirs esthétiques un chapitre de la biologie. Mais dès maintenant, en comparant à l'état de « rêve » et à l'état d'ivresse les deux formes de la sensibilité esthétique qu'il croit discerner, ne nous en propose-t-il pas une notion au fond toute physiologique ? Notion confuse et mal étudiée sans doute, mais qu'on n'invoque ici que comme indice de la méthode d'explication dont cet esprit se montre déjà si décidé à user à l'égard des choses communément rangées sous la catégorie de l' « idéal ». Une conséquence à remarquer de la psychologie esthétique de Nietzsche, c'est que l'élite se trompe profondément en déniant aux plaisirs d'art du vulgaire la qualité esthétique. Les siens ne sont pas plus désintéressés. Il en est à qui la plus fade ritournelle italienne fait plaisir. Il en est à qui un adagio de Beethoven fait plaisir. C'est la même espèce de plaisir. Seulement la multiplicité des expériences et des points de comparaison permet aux connaisseurs une sélection raffinée.

Telles sont parmi les premières idées de Nietz-

sche sur l'esthétique, celles auxquelles ils demeurera toujours fidèle. Elles appartiennent au fond
même de sa personnalité intellectuelle. Elles
marquent, pour ainsi dire, les limites entre lesquelles évoluera sa conception de l'art. On avoue
d'ailleurs que si elles ont du prix, celui-ci se
révélera surtout dans leur application aux mille
problèmes concrets d'esthétique que Nietzsche
creuse ou soulève dans ses écrits.

Sur deux points essentiels il complétera ou
modifiera sa conception première. Mais les idées
sur la musique et sur Wagner dont l'analyse
forme l'objet du présent ouvrage appartenant
précisément au travail d'esprit qui a conduit
Nietzsche à reconnaître soit l'insuffisance, soit
l'erreur de cette conception, nous ne saurions
exposer ici des résultats dont nous avons à faire
connaître la genèse. Bornons-nous à indiquer
très sommairement l'un deux.

Tout d'abord, sans cesser de voir dans le
sentiment pessimiste la raison d'être et le besoin
de la création esthétique, Nietzsche distinguera

par la suite entre un « pessimisme de la force » et un « pessimisme de la faiblesse ». Et cette distinction fournira un élément capital de toutes ses théories. La signification en est à peu près la suivante.

L'idée du non-sens de l'univers, de l'absurdité et de la contradiction naturelles de la condition humaine peut par elle-même aussi bien exalter que déprimer l'énergie. L'effet dépend des dispositions des âmes qui la conçoivent. Les forces créatrices de l'homme peuvent trouver un souverain excitant dans cette pensée que rien de bon et de beau, de propre à honorer, à orner la vie et à la faire aimer ne saurait exister que par leur œuvre. Nous pouvons également nous sentir accablés par la dérision que la nature des choses et notre propre nature opposent à nos vœux, dès lors nous aspirerons à tout ce qui peut assoupir et éteindre en nous le sentiment d'être. Entre cette « attitude pour vivre » et cette « attitude pour mourir », la logique ne se prononce pas. Selon que l'activité esthétique fonctionne au service de la première ou de la seconde, l'art est sain ou malsain, classique ou romantique.

Dans la période qui va nous occuper, Nietzsche ne vise et ne décrit que le « pessimisme de la force »; mais il se reprochera plus tard d'en avoir aveuglément prêté les caractères à des œuvres inspirées par le pessimisme de la faiblesse.

Le second point sur lequel Nietzsche aura à réformer sa primitive conception de l'art, c'est la théorie qui distingue et qui oppose entre elles comme étant de nature essentiellement différente et pouvant s'exercer séparément l'une de l'autre, comme aussi se réunir et conspirer ensemble, deux espèces d'inspiration et de création esthétique : l' « apollinienne » et la « dyonisiaque ». Mais précisément ses premières idées sur la musique et sur Wagner sont tout imprégnées de cette théorie. En constatant les embarras qu'elle crée à Nietzsche, nous nous rendrons compte des raisons qui devaient la lui faire sinon désavouer, du moins abandonner par la suite.

CHAPITRE PREMIER

LA THÉORIE DE SCHOPENHAUER
SUR LA MUSIQUE

I

Les idées de Nietzsche sur l'essence de l'art
musical et son hégémonie par rapport aux autres
arts n'étaient, pour une part, que la reproduc-
tion d'une théorie de Schopenhauer. Cette théorie est fort connue. Mais c'est bien souvent ce
qui est connu de tous qui a le plus besoin d'être
élucidé. La théorie de Schopenhauer a rencontré
d'ailleurs, à notre avis, particulièrement sous
l'influence de Wagner, un crédit esthétique
beaucoup trop grand.

Comme son disciple, Schopenhauer établit

entre la musique et tous les autres arts, soit plastiques, soit poétiques, une opposition correspondante à celle qui existe métaphysiquement entre l'Apparence et l'Etre en soi. Tous les autres arts imitent la nature, ceux-ci dans ses formes sensibles, ceux-là dans ses déterminations morales. La musique seule n'est pas un art d'imitation. Elle est sans modèle dans la nature. Ce qu'elle exprime, c'est donc la réalité ultra-phénoménale, la Volonté, dans sa tendance immanente, dans sa virtualité infinie, que ni le temps, ni l'espace n'absorbent. Voici les plus intéressantes des preuves que Schopenhauer donne de cette thèse (1).

1. — L'impression que nous procure une œuvre plastique ou poétique, dans la mesure où elle est conforme à sa fin, c'est celle de l'achevé, de l'éternel. N'est-il point vrai tout d'abord que la musique agit sur la sensibilité avec une intensité incommensurable à l'intensité d'action des autres arts, ensuite que la plus profonde impres-

____

(1) *Le Monde comme Volonté et Représentation*, § 52.

sion que nous recevions d'une musique instru
mentale expressive, c'est celle d'une aspiration,
d'une poursuite passionnée et sans terme? C'est
que la musique est l'écho immédiat du Devenir,
qu'en elle nous percevons directement l'insatia-
ble désir qui travaille au cœur du Monde (1).

2. — C'est une expérience diversement familière à tout auditeur sensible de musique, que l'é-
motion née de la musique évoque spontanément
dans l'imagination un monde de représentations
visuelles, ou captivantes par elles-mêmes ou
pathétiques par leur signification morale. La
variété de ces images d'auditeur à auditeur
contenue assurément en certaines limites par la
nature du thème musical, n'en est pas moins
fort grande.

La musique n'exprime pas telle ou telle joie particulière et définie, tel ou tel état de tristesse, de douleur, d'horreur, d'ivresse, de gaîté ou de sérénité,

____

(1) Cet argument n'est pas exprimé aussi formellement par
Schopenhauer. On peut, croyons-nous, le lire dans son texte.
Mais il est si certainement enveloppé dans sa théorie qu'il est
légitime de le dégager, dans l'intérêt de la discussion.

5

mais *la* Joie, *la* Tristesse, *la* Douleur, *l'*Horreur,
*l'*Ivresse, *la* Gaîté, *la* Sérénité, sans aucun accessoire
et aussi sans les sujets de ces émotions. Cependant
nous les comprenons parfaitement dans cette réduc-
tion à leur quintessence. Sous cette forme elles exci-
tent très facilement notre imagination ; ce monde
spirituel ui nous parle sans intermédiaire, invisible
et pourtant si vivement animé, nous essayons de lui
prêter une figure, de le revêtir de chair et d'os, en
d'autres termes, de lui donner corps en quelque
exemple concret analogue.

Soit la première partie de la symphonie en
ut mineur (1). Avec son thème initial bref,
solennel, formidable et le développement à la
fois furieux et si serré de ce thème, ce morceau
instrumental peindra pour les uns la création
du monde, le commandement divin et la course
des atomes ; pour d'autres, ce sera le cri de
révolte obstinée de Prométhée, un *non serviam*
égalant son énergie croissante à l'insistance des
menaces divines ; d'autres encore s'imagineront

(1) Cet exemple n'est pas proposé par Schopenhauer. Mais il
donne plus de relief à sa pensée et la rend plus convaincante
que ceux que l'on pourrait tirer de son compositeur préféré,
Rossini.

assister aux assauts redoublés du destin contre tous les objets de la vaine espérance humaine fugitivement évoqués par le thème doux, féminin en *mi bémol majeur*. Ce genre de gloses pittoresques, sentimentales ou dramatiques est connu. Cette plasticité de l'émotion musicale est précisément ce qui permet à un compositeur inspiré de limiter plus étroitement, par un titre tel que *Symphonie héroïque* ou *pastorale*, le genre de visions ou d'émotions auquel il lui plaît de convier l'auditeur. — Or, le phénomène inverse n'a pas lieu. Les images visuelles, si pénétrante que soit l'émotion qui s'y attache, ne se prolongent pas dans le domaine de la sensibilité musicale, en imaginations mélodiques ou harmoniques. Elles ne font pas naître de musique dans l'esprit. L'idée plastique ou émotionnelle ne possède pas par rapport à la musique la magie évocatrice que possède la musique par rapport à l'idée. — En quoi la musique s'avère plus certainement encore l'écho immédiat de la Volonté transcendante dans nos âmes; car la

Volonté produit le monde des apparences, sans qu'il puisse y avoir réaction de l'apparence sur la réalité métaphysique qui l'engendre.

3.—Etant donnée, au contraire, la représentation plastique ou l'expression poétique des émotions et des sentiments, au théâtre par exemple, le concours de la musique y ajoute une signification et une intensité saisissantes. On dirait que ses accents nous initient à un sens plus reculé et proprement inexprimable des scènes, des événements, des situations, des passions. C'est qu'ils nous entr'ouvrent, par delà ces manifestations sensibles, le sein de la volonté métaphysique qui les porte.

D'observations de ce genre Schopenhauer, empruntant le langage scolastique, conclut que les « mélodies » se comportent à l'égard des phénomènes particuliers qu'elles expriment musicalement et dont elles sont, pour ainsi dire, grosses, un peu comme les « universaux », les « concepts », à l'égard des objets individuels, à cette différence près cependant « que les con-

« cepts contiennent seulement les formes tout
« d'abord abstraites de la perception, en quel-
« que sorte l'écorce extérieure détachée des
« choses, et sont par conséquent des abstrac-
« tions, rien que des abstractions ; au con-
« traire, la musique donne le germe intérieur
« d'où se développe toute réalité, autrement dit
« le cœur des choses... Les concepts sont les
« *universalia post rem*, mais la musique donne
« les *universalia ante rem* et la réalité les *uni-*
« *versalia in re.* »

II

On pourrait penser et l'on a même assez généralement admis que cette théorie n'est critica-
ble qu'en tant qu'interprétation métaphysique
arbitraire de faits psychologiques et esthétiques
d'ailleurs certains, en d'autres termes, que Schopenhauer s'est montré profond observateur des
caractères d'une belle musique, comme des impressions et émotions qu'elle suscite dans l'âme

de l'auditeur, que l'opposition de nature qu'il établit entre ces impressions et émotions et celles qui s'attachent à la beauté poétique ou plastique est conforme à l'expérience de tous ceux qui sentent finement l'art. Il en résulterait rigoureusement que la musique est exceptée des lois générales de l'esthétique, qu'il y a une esthétique spécifique de l'art musical radicalement différente de celle qui régit les autres arts. C'est à notre sens une conception tout à fait erronée et sur laquelle l'art musical ne peut se modeler qu'au prix de sa propre dissolution.

3. — En ce qui concerne cette assertion que la musique, en s'ajoutant à l'impression éprouvée d'une scène ou d'un récit pathétiques, de la peinture poétique d'un sentiment, d'une évocation pittoresque, l'amplifie, la rend plus profonde et plus intense, il est certain que les drames de Wagner, sans la musique de Wagner, n'auraient qu'une action bien faible. Mais d'où vient que, de l'aveu unanime des artistes, les chefs-d'œuvre dramatiques de Racine, de Shakespeare, de

Gœthe, et généralement les chefs-d'œuvre de la littérature (un certain genre de petit lyrisme excepté) excluent absolument l'adjonction de musique. L'adjonction de la plus belle musique du monde à l'exposition des tableaux de Rembrandt ou de Raphaël serait quelque chose de parfaitement froid. Les deux impressions s'entre-détruiraient ou du moins ne conspireraient pas. Qu'est-ce à dire? que ce surcroît de force expressive dont parle Schopenhauer, la musique ne saurait l'ajouter à ce qui a par soi-même une expression, une signification, un caractère richement et fortement déterminés, à ce qui est littérairement ou plastiquement beau; mais qu'au contraire le puissant commentaire émotionnel des sons ne convient qu'à des sentiments, des événements, des scènes, dont l'indication demeure suffisamment sommaire et imprécise pour laisser grande latitude à la rêverie. Aussi les expressions de « juste », de « distincte » (richtig, deutlich) que Schopenhauer applique à la compréhension des choses apportée à l'esprit par la musique sont-elles criantes de fausseté. La musique intensifie, prolonge, épand, soulève l'émotion, mais sous la condition d'une certaine indétermination, d'un certain vague de l'objet de celle-ci. Serait-ce que Schopenhauer sous-entend que l'indéterminé, l'infini a seul une vertu esthétique? Cette barbarie contre laquelle proteste toute la gloire de l'art classique et qui ferait de la « perfection » une petitesse, est le postulat secret de cet argument de sa théorie.

2. — Il est très certain que la musique évoque dans l'esprit de beaucoup d'auditeurs un monde flottant de sentiments et d'images. Mais cet effet se produit-il chez tous les auditeurs? Du moins s'y produit-il avec la même luxuriance? Et cette productivité vaine de l'imagination sous l'influence de la musique ne diminuerait-elle pas précisément, à mesure que s'accroît la sensibilité à la musique elle-même, aux beautés spécifiques de la mélodie, de l'harmonie et du rythme? Sans doute beaucoup d'auditeurs jouissent très vivement de la musique à travers les illustrations

pittoresques ou sentimentales qu'ils ajoutent eux-mêmes. Mais, à ne jouir des belles œuvres instrumentales de Beethoven ou de Mozart que comme de musique, on éprouve un enthousiasme qui, pour être infiniment plus pur, n'est pas moins vif et nous rapproche certes bien davantage de la joie des Dieux. On ne peut donc imputer à l'essence de la musique ce qui semble bien être le fait d'une sensibilité musicale un peu épaisse. Et s'il y a telle musique qui n'a vraiment d'action que comme excitant d'imaginations visuelles ou sentimentales, est-ce de la musique belle ? N'est-elle pas la fille du trouble et du nuage plutôt que la fille des Muses ? Est-ce vraiment de la musique ?

1. — Enfin cette impression d'aspiration sans terme, de tendance éternellement inassouvie, qui serait, d'après cette théorie, l'impression caractéristique de la musique, pourrait bien être le propre d'une certaine musique, de celle, par exemple, qui cultive la « mélodie infinie », et d'une certaine catégorie d'auditeurs. Il y aurait donc

cercle vicieux à l'invoquer en faveur d'une théorie en laquelle elle a effectivement reconnu son inspiratrice. Mais si la beauté, la solidité et la perfection des formes, soit dans les thèmes, soit dans le développement et la composition, forment au contraire le caractère dominant de la plus grande musique classique et le plus haut souci des plus grands musiciens classiques, l'argument ne vaut pas à leur égard.

CHAPITRE II

AUTONOMIE DE L'INSPIRATION MUSICALE

Si les conclusions de Schopenhauer sont inadmissibles, elles impliquent du moins la négation d'une grave hérésie esthétique. Pour dégager avec précision cet élément de vérité des erreurs qui l'enveloppent et le neutralisent, nous pouvons réduire la théorie aux trois propositions suivantes :

1º Les idées musicales animées d'une inspiration sincère ne naissent pas d'idées non musicales (conceptions poétiques, visions pittoresques);

2º La musique inspirée exprime le fond absolu des choses;

3º Il est dans l'essence de l'émotion musicale

d'exciter l'activité de l'imagination visuelle et sentimentale, et là est un des éléments nécessaires de la séduction qu'elle exerce.

Logiquement, ces trois propositions se juxtaposent sans se commander ni s'exclure. Mais, au point de vue de la signification et des conséquences esthétiques, la troisième détruit la première, qui est la seule juste; (la seconde, si elle ne va pas jusqu'à la détruire aussi, du moins l'obscurcit et lui ôte une partie de sa vertu). En effet, que l'idée non musicale engendre l'idée musicale ou qu'elle soit engendrée par elle, du moment qu'il y a de l'une à l'autre passage nécessaire, dans les deux cas la possibilité d'une création musicale se suffisant, ayant en soi sa propre fin, capable de susciter par elle-même une jouissance esthétique complète, est également niée. C'est la position que nous reprochons à Schopenhauer.

Nietzsche fait profession d'adopter toute sa théorie, et il l'adopte si bien qu'il la pousse jusqu'à des conséquences extrêmes, rigoureuses peut-être, mais follement aventureuses et que Schopenhauer eût sans doute désavouées. Nous les exposerons dans le prochain chapitre.

Comment se fait-il que, dans le temps où il s'emportait à ces excès théoriques, il ait développé des vues toutes contraires, où, des trois propositions de Schopenhauer, il retient celle qui affirme l'indépendance de l'inspiration musicale par rapport aux représentations poétiques et pittoresques, celle aussi malheureusement qui a rapport à sa prétendue signification métaphysique, mais où il rejette, comme caractérisant une disposition esthétique inférieure, la thèse d'après laquelle l'émotion musicale devrait nécessairement suggérer des sentiments et des images et se rendrait agréable par cette propriété même ?

C'est dans *la Naissance de la Tragédie* qu'il suit et dépasse Schopenhauer. C'est principalement dans un petit traité posthume *Sur la Musique et la Parole* qu'il s'explique sur l'autonomie de la création musicale. Or, non seulement la composition de ce petit traité est contemporaine de celle de *la Naissance de la Tragédie*, mais, chose curieuse, il fait partie des notes et projets préparatoires de cet ouvrage.

Nous voyons donc que, dès le début, la pensée de Nietzsche suit, en ce qui concerne l'esthétique musicale, deux directions opposées. Cette contradiction s'explique par la coexistence en lui d'un jeune dogmatique enivré et d'un très fin connaisseur de musique qui forme ses idées par la sensation et l'observation directe des œuvres d'art. Nous constaterons bientôt que la première de ces directions le conduisait à un enthousiasme sans tempérament pour Wagner, tandis que la seconde devait finir par faire de lui l'ennemi de l'art wagnérien.

Analysons tout d'abord les précieuses démonstrations de Nietzsche sur l'autonomie de la musique.

I

C'est une illusion très commune de croire que, dans la musique sur des paroles, les paroles, le poème « inspirent », dictent, en quelque sorte, la musique. Cette illusion a en sa faveur la logique et la vraisemblance. Dans les chefs-d'œuvre de la musique chantée, musique et paroles ne font qu'un corps et qu'une âme. Il faut donc ou qu'ils soient nés simultanément d'un acte unique de l'esprit ou que l'un ait engendré l'autre de lui-même. Mais comme en fait la musique est écrite sur le poème, lequel est presque toujours d'un autre auteur, comme il semble impossible d'adapter à une musique préexistante un poème qui ne soit pas d'effet ridicule, n'est-on pas contraint de dire que, dans la musique sur des paroles tout au moins, c'est l'idée non musicale qui a inspiré et déterminé l'idée musicale, les paroles qui sont la cause, le texte, et la musique qui est l'effet, la traduction ?

C'est là l'apparence et, semble-t-il, la logique. Ce n'est point la réalité. Le lecteur saura reconnaître la finesse de l'observation psychologique et esthétique directe sous les façons inutilement obscures de s'exprimer, allusions de Nietzsche à sa métaphysique musicale.

Représentons-nous… quelle téméraire entreprise ce doit être que de faire de la musique pour une poésie, en d'autres termes, de vouloir illustrer une poésie par de la musique et par là forcer la musique à se faire langage des idées : c'est le monde renversé ! C'est comme si un fils voulait engendrer son père ! La musique peut engendrer d'elle-même des images, qui ne sont jamais que des schèmes, des exemples particuliers, pour ainsi dire, par rapport à l'universel qui est son contenu propre. Mais comment l'image, la représentation pourrait-elle tirer d'elle-même, enfanter de la musique ! A plus forte raison, le concept ou, comme on l'a dit, « l'idée poétique » ne saurait en être capable ! Autant il est certain que du mystérieux château du musicien un pont conduit dans la libre terre des images — et le lyrique franchit ce pont — autant il est impossible de suivre le chemin inverse, bien que quelques-uns s'imaginent l'avoir parcouru (1).

(1) T. IX, p. 216.

Nietzsche se fait à lui-même une objection, qui se présente assez naturellement à l'esprit et qui l'amène à rectifier une allégation de Schopenhauer.

Se fondant sur une conception esthétique courante, on va encore nous répéter cette phrase : « Ce n'est pas le poème, mais le sentiment engendré par le poème, qui enfante la composition musicale (1). »

La musique, disait Schopenhauer, n'exprime pas telle joie, telle douleur particulières, tel sujet de douleur ou de joie, mais la Joie, la Douleur en général. Nietzsche réplique que la musique exprime quelque chose de plus général encore : l'Emotion, l'Emotion pure et indéterminée, la puissance émotionnelle de l'âme. De telle sorte que ce n'est pas seulement en imaginant, sous l'impression d'une certaine musique, des scènes de joie ou de douleur, que l'auditeur ajouterait à cette musique un commentaire factice. Il ferait preuve, bien que moins grossièrement, de la même impuissance à ressentir la

(1) T. IX, p. 217.

6.

signification intime et profonde de la musique, si, pour l'intéresser et l'émouvoir, il fallait qu'une œuvre musicale pût être entendue par lui comme une expression de la Joie, de la Douleur, de l'Amour, du Regret, de l'Espérance ou de tout autre sentiment dans sa généralité. La musique n'exprime pas un genre déterminé de sentiments, mais l'exaltation de la faculté de sentir elle-même.

Nous analysons, avant de le citer, le texte où Nietzsche s'explique sur ce point (que l'on peut qualifier d'ésotérique), parce que le texte est un peu sibyllin, mais le sens n'en est pas douteux :

Qu'on prenne, par exemple, les sentiments de l'Amour, de la Crainte et de l'Espérance : la musique ne peut directement en tirer rien du tout... Au contraire ces sentiments peuvent servir de symboles à la musique. Telle est la position du poète lyrique par rapport à cette sphère [métaphysique] de la « Volonté », dont aucun concept, aucune image ne nous rapproche et qui est le contenu et l'objet propre de la musique : il s'en donne une traduction allégorique sous la forme de sentiments. Il en va de même de tous ces auditeurs qui éprouvent une action de la musique sur leurs états affectifs. La puissance de la musique, lointaine et hors de portée, s'adresse, chez eux, à un monde intermédiaire qui leur donne comme un avant goût, une prénotion symbolique de la musique proprement dite, et ce monde est celui des sentiments... Mais à tous ceux sur qui la musique n'a prise que par le moyen des sentiments, il faut dire qu'ils demeureront toujours dans le parvis et n'auront pas accès au sanctuaire de la musique, puisque celui-ci, comme je le disais, ne peut être manifesté, mais seulement symbolisé par le sentiment (1).

Et éclairant par la même théorie qui lui sert à distinguer entre les émotions musicales de l'auditeur sentimental et celles de l'auditeur artiste le phénomène de l'invention musicale chez le compositeur inspiré :

Lorsque le musicien, dit-il, compose un lied, ce ne sont ni les images ni les sentiments exprimés dans le texte qui l'inspirent comme musicien : mais une inspiration musicale venue de tout autres sphères choisit ce texte comme propre à l'exprimer symboliquement elle-même. D'une relation nécessaire entre le poème et la musique il ne peut donc être question : les deux mondes du son et de l'image mis ici en con-

(1) T. IX, p. 218.

tact, sont trop loin l'un de l'autre pour pouvoir contracter plus qu'un lien extérieur; le poème n'offre qu'un symbole et est à l'égard de la musique ce qu'est l'hiéroglyphe égyptien de la bravoure par rapport au guerrier valeureux lui-même. Les plus hautes révélations de la musique nous font sentir malgré nous la grossièreté de toute représentation imagée et de tout sentiment auquel on prétendrait trouver quelque analogie avec elles. Ainsi les derniers quatuor de Beethoven font honte à toute représentation sensible, et d'une façon générale à tout le domaine de la réalité empirique. Le symbole ici n'a plus en présence du Dieu souverain qui véritablement se révèle aucune signification: et même il offense par sa matérialité (1).

Négligeons le « Dieu souverain » et les autres allusions transcendantes. Nietzsche affirme que la véritable musique est la musique pure, nourrie et soutenue d'inspiration purement musicale et que la façon supérieure et vraiment artiste de goûter la musique, c'est de la goûter comme musique pure. Il élucide le véritable rapport du poème avec le chant par la distinction de l'occasion et de la cause. Ce n'est pas le texte poé-

(1) T. IX, p. 220.

tique qui, en émouvant la sensibilité du compositeur, fait naître dans son esprit une inspiration musicale modelée, en quelque sorte, sur le sens de ce texte. Le texte apporte à l'inspiration l'occasion de se déployer et comme un soutien pour son déploiement. L'inspiration musicale préexiste, pure expression de l'âme du compositeur de génie, et s'enroule sur des paroles propices. Rapport plus facile à imaginer, on en convient, qu'à définir par des mots, mais qu'une expérience familière à tout amateur un peu informé de musique peut éclaircir. N'est-il point vrai que quand nous lisons les gracieux poèmes de Wilhelm Müller sur lesquels Schubert a écrit le cycle des *Müllerlieder* ou les beaux poèmes de Chamisso et de Heine qui ont fourni à Schumann le texte de ses deux cycles de lieds les plus célèbres, n'est-il point vrai que les mots eux-mêmes chantent obstinément dans notre mémoire les mélodies immortelles et n'existent pour ainsi dire plus, indépendamment de la musique? Au contraire, le souvenir musical garde la plus grande partie de son charme, même quand les paroles ont fui de notre esprit. Preuve que la poésie ne s'est nullement subordonné la musique, mais qu'au contraire la musique a fait sienne la poésie.

L'exemple tiré de la musique instrumentale, dans les dernières lignes du texte cité, est du plus haut intérêt. La musique ne peut avoir deux natures, selon qu'elle est instrumentale ou chantée. Si la musique chantée *naissait* du poème, il y aurait dans la musique instrumentale un poème, un sujet, une idée latente, et les poèmes, sujets ou idées que l'imagination de l'auditeur recompose librement en écoutant l'orchestre seraient des équivalents de celui qui a inspiré le compositeur. En suggérant des idées non musicales, l'idée musicale ne ferait que restituer ce qu'elle contient réellement. Telle est, pense Nietzsche, la fausseté de cette conception que, quand la musique avec chant atteint un haut degré d'enthousiasme, non seulement il est impossible de rapporter cet enthousiasme aux sentiments exprimés par le poème, mais le poème lui-même n'entre pour rien dans l'impression et n'y pourrait entrer d'ailleurs qu'au détriment de la grandeur de l'impression ; si la voix humaine concourt merveilleusement à la puissance et à l'expression de l'ensemble, c'est en tant que voix humaine, comme le plus pathétique et le plus noblement sonore des instruments. Quelque exagération que l'on puisse trouver dans ces idées, les artistes conviendront que Nietzsche en fait une application très conforme à la réalité dans cette analyse de la dernière partie de la neuvième symphonie de Beethoven avec chœurs :

Que l'ode de Schiller « A la Joie » n'ait aucune espèce de convenance à l'ivresse dithyrambique rédemptrice de cette musique, et même qu'elle soit submergée comme un pâle rayon de lune dans cette mer de flamme, qui voudrait m'enlever ce sentiment très sûr ? Bien plus, à parler net, qui me contesterait que, si ce sentiment ne s'affirme pas d'une façon criante à l'audition de cette musique, c'est que, la musique réduisant déjà à rien notre sensibilité à l'image et à la parole, *nous n'entendons rien du tout du poème de Schiller?* Tout ce noble élan, la sublimité même des vers de Schiller, à côté de la vérité naïvement innocente de la mélodie populaire de la joie, trouble, inquiète, va jusqu'à causer une impression grossière et injurieuse : heureusement qu'au milieu du déploiement toujours plus riche du chant choral et des masses orchestrales, on ne l'entend pas et c'est la seule chose qui nous préserve de cette sensation d'inconvenance. Que penser donc de cette monstrueuse superstition esthétique d'après laquelle cette quatrième partie de la Neuvième eût constitué, de la part de Beethoven lui-même, une solennelle profession de foi sur les bornes de la musique pure et même ouvert en quelque manière les portes à un art nouveau, dans lequel la musique, devenue capable de représenter jusqu'à l'image et au concept, s'expliquerait parfaitement par là même à « l'esprit conscient (1)? »

Cette « monstrueuse superstition esthétique », ce n'était pas autre chose (Nietzsche s'en avisera bientôt) qu'un dogme wagnérien. Wagner et son entourage se plaisaient à professer qu'avec Beethoven la musique instrumentale

(1) T. IX, p. 220.

avait dit son dernier mot, épuisé son pouvoir,
et que Beethoven, par l'introduction du chœur
dans sa dernière symphonie, avait voulu précisément proclamer cette fin de règne. Une telle
opinion avait pour effet de rejeter à un rang fort
secondaire les grands compositeurs instrumen-
taux contemporains de Wagner (Mendelssohn,
Schumann, Chopin) ; elle expliquait, à l'avantage de Wagner, que, seul de tous les grands
compositeurs de musique, il ne se fût jamais
essayé dans la musique instrumentale pure,
abstention dont une critique hardie surpren-
drait peut-être la cause dans une certaine impuissance à construire. Enfin Wagner se trouvait haussé à un degré au-dessus de Beethoven
sur l'échelle du progrès musical.

Et que nous dit Beethoven lui-même, continue
Nietzsche, en introduisant ce chant choral par un récitatif : « Ah ! mes amis ! pas ces accents ! mais de
plus agréables et de plus joyeux » ! Plus agréables et
plus joyeux ! Pour cela il avait besoin du son persua-
sif de la voix humaine, pour cela il avait besoin du
rythme innocent du chant populaire. Ce n'est pas au

7

verbe, mais à l'élément sonore « plus agréable », ce n'est pas au concept, mais au son chanté qui parle à l'âme et déborde d'allégresse, qu'eut recours le maître sublime, dans son ardent désir de mettre le plus de sentiment possible dans la sonorité d'ensemble de son orchestre.

En définitive, Nietzsche reconnaît comme un fait psychologique non douteux que beaucoup d'auditeurs ne goûtent le plaisir musical qu'au moyen d'une certaine illustration, d'un certain commentaire poétique, dramatique, pittoresque, ou même métaphysique, que leur imagination compose à la musique. Mais ce fait, loin de lui paraître universel et nécessaire, caractérise, à ses yeux, une certaine catégorie d'auditeurs, ceux qui « demeurent dans le parvis et n'ont pas accès au sanctuaire ». Cette illustration subjective de la musique est un succédané, une ressource esthétique inférieure pour ceux qui ne savent pas jouir de la beauté du langage musical en lui-même.

II

Qu'est ce pourtant que la *Pastorale*, que l'*Héroïque*, sinon les traductions symphoniques, l'une de tableaux champêtres, l'autre d'une destinée de grand homme, en d'autres termes, des compositions musicales sur un sujet bucolique ou épique?

A cette objection si naturelle, que Nietzsche ne se fait pas, du moins sous une forme aussi précise, nous proposerons une réponse qui n'est pas tirée du texte de ses écrits, mais où l'on peut voir une application ou plutôt un prolongement de celles de ses idées que nous venons d'exposer.

Toute invention esthétique sincère et vivante naît d'une émotion. Les émotions esthétiques de l'artiste plastique ou littéraire s'attachent à des objets représentés par les sens ou l'intelligence. Un visage, un paysage, un caractère, une action, un événement saisissent sa sensibilité par la richesse de signification qu'il perçoit en eux. Au contraire, l'émotion du musicien créateur s'éprouve, pour ainsi dire, les yeux fermés et ne s'alimente qu'à la source intérieure de sa sensibilité. Cependant il est impossible, en raison de la sympathie qui unit entre eux les divers domaines de la vie psychique, que cette émotion toute subjective se prolonge sans exciter jusqu'à un certain point l'activité de l'imagination visuelle, sentimentale ou même intellectuelle. Indépendante de toute idée, elle s'accompagne nécessairement (qu'on nous passe un mot technique) de quelque « idéation ». Voilà pourquoi il flotte autour de l'émotion du musicien créateur un certain halo d'évocations plastiques ou sentimentales qui ne sont pas la cause de cette émotion, ni son objet, mais en émanent plutôt par une sorte d'irradiation. Il se peut d'ailleurs que ces images séduisantes et peu déterminées favorisent, soutiennent l'effort du compositeur à la poursuite de l'invention qui apaisera son inquiétude créatrice. L'invention accomplie, elles s'éclipsent. Cette invention, c'est un « thème », une forme mélodique, s'il s'agit de composer un lied ou une petite pièce instrumentale ; c'est, s'il s'agit de quelqu'un des grands genres musicaux (sonate, quatuor, symphonie, etc.), un groupe de thèmes ou formes mélodiques génératrices destinées à fournir par leurs développements et combinaisons la matière de l'édifice sonore. Ces formes sont-elles heureusement venues, grandes et fortes, pleines de sens en elles-mêmes, sont-elles vraiment des idées et non pas des larves d'idées musicales ? Que nous importent alors l'obscure histoire des tâtonnements subjectifs de la création, la connaissance des secrets excitants qui ont soutenu le labeur inventif du compositeur ? Les thèmes générateurs des symphonies, des sonates ou des quatuors de Beethoven valent par eux-mêmes à titre de beaux êtres sonores, ils ont la pureté et la perfection de la ligne, la puissance du mouvement, la solidité de l'équilibre, l'aisance de la grâce ou une ample majesté. Que nous importe que la rêverie d'où ils sont sortis, grâce d'ailleurs à une concentration puissante de l'attention et de la volonté, ait eu lieu par une journée de soleil ou par un jour de pluie? Les noms que Beethoven a donnés à deux de ses symphonies, alors que toutes les autres ne sont désignées que par le numéro d'ordre ou la tonalité, n'offrent pas du tout une clé explicative de la musique : ce sont allusions aux circonstances subjectives de l'invention, quelque chose comme l'indication du lieu et de la date de composition d'un poème, renseignement sympathique aux amis de ce poème, mais, après tout, inutile, si du moins le poème est suffisamment intéressant et beau par lui-même.

L'idée musicale est, par rapport à l'émotion ardente et fluide, à la vague activité psychique qui en précède l'avènement, ce qu'est la « forme » d'Aristote par rapport à la » matière », ce qu'est le fruit mûr à la végétation sourde de l'arbre. Une fois apparue, elle se développe, conformément aux lois de la composition, à l'aide de toutes les ressources de la technique, par un pur jeu de musique. Sa signification est purement musicale et elle n'a d'autres fins que de procurer à l'auditeur la « délectation » de la beauté musicale.

Ces explications seraient tout à fait conformes aux idées de Nietzsche sur l'autonomie de la musique, si l'on pouvait oublier qu'il reste d'ailleurs fidèle à la théorie de Schopenhauer sur la signification métaphysique de l'inspiration musicale. Car cette théorie aboutit elle-même à faire de la musique un art d'imitation, à lui couper les ailes. En effet, Nietzsche nous dit bien que la musique n'a à traduire et ne saurait d'ailleurs traduire ni des images, ni des sentiments définis, ni des idées, qu'elle n'est la servante ni l'adjuvant d'aucun autre art, qu'elle se meut par ses propres forces dans sa propre sphère. Elle traduirait cependant quelque chose. Quoi donc? La réalité métaphysique, l'essence supra-sensible de l'univers. Il faut dès lors que le musicien inspiré ait quelque perception de cette réalité, de cette essence infinie. Perception nécessairement obscure, et qui serait sans doute engagée dans cette émotion créatrice, ce trouble fécond qui précède l'invention et qui est d'ailleurs un fait psychologique indéniable.

Une telle conception renverse complètement le rapport que nous avons dit exister entre l'émotion et l'invention. Nous avons dit que l'émotion est la « matière » et l'invention la « forme », l'une le « moyen », l'autre la « fin », l'une le sourd travail de la germination, l'autre le fruit, que l'intérêt de l'obscure et complexe activité psychique qui a préparé l'avènement de l'idée est éclipsé ou plutôt annulé par l'idée elle-même au prix, au sens, à la beauté de laquelle la connaissance que nous pourrions avoir de sa genèse subjective n'ajoute rien, tant s'en faut ! Ainsi les efforts tâtonnants de méditation par lesquels un géomètre ancien parvint à imaginer le théorème du carré de l'hypoténuse n'entrent pour rien dans la substance de ce théorème, lequel, dès lors qu'il est démontré, n'existe qu'en vertu de sa vérité objective.

Au regard de la théorie schopenhauérienne, tout au contraire, l'émotion qui provoque l'artiste musicien à créer a un sens par elle-même, et quel sens! un sens divin. Elle n'est plus dès lors un simple fait psychologique, le ressort, le stimulant subjectif d'une création qui se montrera belle et intelligible pour ceux qui en ignoreront le secret. Elle se comporte à l'égard de l'idée musicale comme le modèle à imiter à l'égard du moyen d'expression qui l'imite. L'idée musicale et son développement ne devront donc pas s'épanouir conformément à une loi objective d'équilibre, d'harmonie, de beauté, de perfection, mais se façonner continûment sur ce modèle intérieur, en suivre le « devenir », la fluidité. La musique ne sera plus création, à vrai dire, mais imitation; imitation non des « objets », mais de ce qu'il y a de plus subjectif dans le « sujet ». Ce qu'elle aura à imiter étant de sa nature même indéfini, ce serait une erreur de sa part de chercher la ligne, la « belle forme ». De là la théorie connue de la « mélodie infinie ».

Nous comprenons avec quelle exactitude Wagner dégageait la conséquence de la doctrine de son maître quand il déclarait « que la musique ne doit pas être appréciée d'après la catégorie du beau ».

CHAPITRE III

HÉGÉMONIE DE L'INSPIRATION MUSICALE

I

Nous arrivons à une partie singulièrement trouble et aventureuse des théories de ce premier Nietzsche. Nous en avons par avance marqué la contradiction avec les plus justes et les plus précieuses de ses idées sur l'autonomie de l'art musical.

Schopenhauer disait (bien vainement d'ailleurs) qu'il y a entre les représentations plastiques ou poétiques et la pensée musicale le même rapport qu'entre les phénomènes du monde sensible et la Réalité en soi. Mais il ne disait pas que l'artiste plastique ou le poète tirassent de la musique leurs inspirations et leurs idées. C'est la thèse de Nietzsche. « La perception, disait Schiller, est chez moi tout d'abord sans objet clair et défini ; celui-ci se forme plus tard. Un certain état d'âme musical le précède et engendre en moi l'idée poétique. » Nietzsche voit dans cette expérience tout individuelle d'un génie d'ailleurs lyrique et oratoire la loi même de la création poétique en général. Pour lui le poète et, entre tous, le poète dramatique (si du moins il est puissant) parvient à la conception des êtres et des situations qu'il représente en pleine lumière par le chemin souterrain de l'émotion musicale. Ses créations, quels qu'en soient la densité et le relief, sont des efflorescences d'une inspiration au fond musicale, des concrétions du fluide musical. Il faut des métaphores bien risquées pour résumer une thèse si témérairement raffinée.

On y a reconnu l'application esthétique rigoureuse du rapport métaphysique à la fois et psychologique posé par Nietzsche entre le principe apollinien et le principe dionysiaque.

Il a prétendu saisir dans l'origine et la formation de la tragédie grecque (« du sein de l'esprit de la musique », disait le titre primitif de son livre) cet enfantement de la conception et de la composition dramatique par l'ivresse musicale. L'analyse s'insinue avec la plus grande difficulté dans le tissu très emmêlé de sa démonstration, tout entière soutenue sur l'équivoque suivante : l'inspiration musicale, se confondant avec le sentiment de la vie débordante de l'univers, est une inspiration pessimiste, puisque, dans son débordement effréné, cette vie est nécessairement déchirée de contradictions et de luttes ; musique s'identifie donc à pessimisme. Les créations dramatiques et les vues morales dont Nietzsche peut rapporter très justement le sens profond à une conception pessimiste de l'univers, il se persuade d'y avoir montré l'œuvre de l' « esprit de la musique ». Mais l'impatience causée au lecteur par cet enfantillage sophistique qui se prolonge d'un bout à l'autre de *la Naissance de la Tragédie* est compensée par la force intuitive avec laquelle Nietzsche voit et fait voir qu'il y a au fond du génie grec et de l'humeur grecque un jugement pessimiste du monde et de la vie, que la fameuse « sérénité » grecque n'est pas du tout le privilège natif d'une race, mais une conquête de cette race vaillante et alerte, excitée par la lucidité même avec laquelle elle mesure le désordre et le non-sens de la nature spontanée et du destin, à y opposer le chef-d'œuvre volontaire d'un type humain logique, harmonieux, maître de soi-même.

De vous, écrivait Nietzsche dans un projet de dédicace de *la Naissance de la Tragédie* à Richard Wagner, de vous seul je sais que comme moi vous distinguez entre un vrai et un faux concept de la « sérénité grecque », et que le second, le faux, vous le rencontrez sur tous les chemins et sentiers, jouissant d'une sécurité béate ; de vous je sais également que vous tenez pour impossible, quand on part de ce concept, de

pénétrer dans l'essence de la tragédie grecque…
Et encore devons-nous déjà nous estimer heureux
quand, par cette expression de « sérénité grecque »,
que tout le monde va répétant, on n'entend pas tout
bonnement « sensualisme facile » ; c'est dans ce sens
que l'a fréquemment employée Henri Heine, et toujours avec un soupir de regret. Mais pour ceux qui ne
savent admirer que la transparence, la clarté, la précision, l'harmonie de l'art grec, et qui s'imaginent,
parce qu'ils se sont mis sous l'abri du modèle grec,
avoir réglé leur compte avec tout ce qu'il y a d'horreur dans l'existence… pour ceux-là, il faut les convaincre que c'est en partie de leur fait propre, si le
fond de l'art grec leur paraît plat, mais en partie aussi
du fait de la nature intime de la susdite sérénité grecque elle-même : sous ce rapport je voudrais donner à
comprendre aux meilleurs d'entre eux qu'ils sont dans
la situation de gens qui, regardant dans l'eau d'un
lac très limpide et pénétré de soleil, ont cette illusion
que le fond du lac est tout proche, qu'on pourrait l'at-
teindre avec la main. A nous l'art grec a appris qu'il
n'y a pas de surface vraiment belle sans une profondeur effrayante (1).

Il est certain que, de tous les genres d'art
grec, la tragédie est celui qui porte la plus forte

(1) T. IX, p. 137.

empreinte d'un pessimisme originel. La tragédie grecque est enveloppée de pessimisme; c'est, pourrait-on dire, son thème général de nous montrer les calculs et les motifs que la sagesse humaine a lieu de tenir pour les meilleurs et les plus justes, déjoués, tournés en agents de ruine par la cruauté, l'ironie ou l'indifférence de puissances supérieures qui suivent d'autres lois incalculables pour l'homme. « L'aveuglement de « l'homme, dit M. Maurice Croiset, croyant voir le « mal où est le bien et préparant sa propre perte « par les moyens mêmes qui lui paraissent assu- « rer son succès, voilà ce qu'on peut appeler « l'essence de la tragédie (1). » Non seulement, ajouterons-nous, de la tragédie grecque, mais du tragique en général. C'est exactement la conception que Gœthe s'en est faite. Nietzsche s'en inspire en de très saisissantes analyses de l'*Œdipe* et du *Prométhée*.

Cette philosophie pessimiste n'empêche pas Sophocle de se montrer fidèle observateur de

(1) *Histoire de la littérature grecque*, t. III, p. 27.

l'humanité, naturaliste, au sens le plus profond du mot. L'observation des destinées humaines, quand elle s'exerce sur un enchaînement assez étendu de causes et d'effets, aboutit à une vue pessimiste, confirmation expérimentale du postulat philosophique et religieux de l'esprit grec. Que Sophocle ordonne ses drames avec une perfection qui enchante l'imagination et les sens, cette passion de créer de la beauté peut elle-même être rapportée au pessimisme, en ce sens qu'elle serait sans raison d'être dans une âme satisfaite du réel. Mais loin d'exclure l'observation du réel, elle l'implique, puisque, si le beau est autre chose que le vrai, du moins comprend-il le vrai; et le plaisir que le vrai donne à l'esprit est l'un des plaisirs dont il se compose.

C'est en ce point qu'il devient très difficile de suivre Nietzsche. Il veut que le drame d'Eschyle et de Sophocle, affabulation, action, passions, caractères, n'emprunte pas ses éléments à l'observation de la vie, approfondie par la méditation de l'intelligence, mais qu'il ne soit que la

« création », la « projection » spontanée d'un état d'âme lyrique ou orgiastique qui échappe à la douleur de son ivresse par le rêve. Les tragédies sophocléennes ne seraient que des combinaisons du rêve, dont la beauté apporterait à la déchirante ivresse dionysiaque le baume de la contemplation apollinienne, mais qui naîtraient de cette ivresse même, telles les consolantes hallucinations paradisiaques que le martyr contemple au milieu des supplices. La tragédie grecque commença par n'être que le chœur chantant les infortunes surhumaines de Dionysos, symbole mythique du mal radical du monde. Première objectivation élémentaire du sentiment torturant et ineffable de la vie universelle qui agitait les choreutes inspirés, Dionysos prit bientôt, par le développement croissant du génie apollinien, d'autres noms et d'autres visages, Prométhée, Philoctète, Œdipe, Admète, etc.

Au chœur dithyrambique incombe désormais la tâche de porter les auditeurs à un tel état d'exaltation dionysiaque que lorsque apparaît sur la scène le héros tragique, ce qu'ils perçoivent n'est pas, comme on pourrait le penser, l'homme au visage couvert d'un masque informe, mais bien une vision née, pour ainsi dire, de leur propre enivrement (1).

En d'autres termes, il y aurait entre la création dramatique, dans tout ce qu'elle a chez Eschyle et Sophocle de poids, de solidité, de vérité, et le vague et débordant enthousiasme exprimé par le chœur dionysiaque primitif, exactement le même rapport que nous avons dit exister entre la mélodie, dans la création de laquelle s'apaise l'émotion créatrice du musicien et cette émotion créatrice. Nietzsche brave ici le bon sens. La mélodie musicale est sans modèle dans la nature et ne connaît d'autre loi que celle de sa propre ligne. Mais le théâtre, s'il n'est certes pas qu'un art d'imitation, est un art d'imitation. Il met en scène des hommes, des actions et des événements humains ; ses inventions sont assujetties à la logique et à la vérité objectives de la nature, aux conditions du possible. Le rêve ne con-

(1) *Naissance de la tragédie,* p. 63.

naît ni bornes ni conditions ; il n'est lié à rien. Comment les inventions dramatiques vraies et viables se résoudraient-elles en des rêves ?

Nietzsche abuse jusqu'au plus fol excès d'une idée, ou plutôt d'un sentiment juste. Il professe à bon droit l'horreur du réalisme, du « naturalisme » (au sens récent du mot) dans l'art. Il sent que l'art véritable ajoute à la réalité imitée une lumière qui n'est pas celle où la perçoit l'œil vulgaire. Mais si la sensibilité passionnée de l'artiste enveloppe l'objet de cette ambiance chaude et rayonnante, est-ce à dire que l'objet y apparaisse altéré, transfiguré, c'est-à-dire autre que lui-même ? Bien au contraire ; c'est à la vibrante finesse de perception de l'artiste, et non à la connaissance vulgaire, que l'objet manifeste toute sa richesse d'expression et de sens, les mystères de son économie. Par un raffinement de sensualité qui exclut la participation des facultés d'observation et de raison aux plaisirs esthétiques, et qu'il faut bien appeler une perversion, Nietzsche, dans cette partie scabreuse de sa théorie, détache en quelque sorte la réalité de l'objet de la séduisante atmosphère qui la pénètre, ou plutôt il considère l'objet comme un produit, comme une création de cette atmosphère qui devient la substance, le tout de l'art, au lieu d'en être simplement le signe. Il dit que quand le spectateur grec voyait sur la scène les malheurs d'Admète, « il dissolvait, pour ainsi dire, cette réalité en une irréalité fantômale(1) ». Il est trop sensible pour ne pas reconnaître et ne pas célébrer ce qu'il y a de merveilleusement clair, précis et intelligible dans les compositions sophocléennes. Elles n'en sont pas moins pour lui « fantômales », fantômes surgis du rêve. C'est la gageure de cette théorie si forcée.

La raison de ce sophisme esthétique, c'est qu'il faut faire sortir de force toute création dramatique ou épique « du sein de la musique ». Illégitime alors même que la création musicale aurait ce caractère essentiellement indéterminé et fluide que lui prête la théorie, alors même que

(1) *Naissance de la Tragédie*, p. 64.

toute sa vertu s'épuiserait à créer un milieu émotionnel sans rien dessiner de ferme et de précis,
en d'autres termes, qu'elle ne se suffirait pas à
elle-même, cette prétention l'est deux fois, si la
musique est essentiellement un art de construction. Or, les compositions instrumentales de
Bach, de Beethoven, de Mozart sont œuvres aussi
lourdes de matière, d'assises aussi fortes, de profil
aussi précis, de formation aussi déterminée, de
même orientation vers la perfection et l'éternité
de la forme que les temples grecs ou les plus pures
cathédrales gothiques. Et les lois de la construction musicale classique ne sont pas moins sévères, n'engagent pas moins le calcul raisonné de
la proportion, de l'équilibre et du poids que les
lois de l'architecture. Mais Nietzsche était fas-
ciné par une œuvre de type contraire, aussi
adéquate que possible à la conception schopenhauérienne de l'essence de la musique, œuvre
qu'on peut adorer ou haïr, mais dont tous ceux
qui en ont éprouvé l'action conviendront que le
caractère dominant est celui d'une indétermina-

tion passionnée, d'un « devenir » éperdu. J'ai nommé *Tristan*.

II

Nietzsche s'est retenu de parler de *Tristan* jusqu'à la page 148 de la *Naissance de la Tragédie*. Mais dès le début il l'a dans l'esprit et le lecteur sait qu'il en est question. C'est que, comme preuve concrète de sa théorie, Nietzsche ne pouvait citer que *Tristan*, sa théorie étant précisément modelée sur les impressions qu'il avait ressenties de cet ouvrage unique. En *Tristan* il croyait voir de ses yeux cette sorte de parturition nécessaire du drame par l'élément musical. De *Tristan* surtout il pouvait dire ce qu'il avait dit des poèmes dramatiques de Wagner en général, que c'était « de la vapeur de musique (1) ».

Reste à savoir si la condensation de cette vapeur, sans plus, peut produire des drames comparables même de loin aux compositions mar-

(1) T. IX p. 254.

moréennes de Sophocle, si belles sans musique. Mais nous avons suffisamment fait ressortir le scandale de la théorie. Oubliant la prétendue démonstration que *Tristan* est sensé fournir, recueillons l'aveu et l'analyse de l'expérience esthétique si sincère et d'ailleurs si lucide en sa frénésie, que cet ouvrage représentait pour le jeune Nietzsche.

Je n'ai à m'adresser qu'à ces esprits qui ont avec la musique une parenté immédiate, pour qui la musique est, en quelque sorte, le sein maternel, et dont le commerce avec les choses est presque exclusivement constitué d'inconscients rapports musicaux. Je demande à ces musiciens authentiques s'il leur est possible d'imaginer un homme qui fût capable d'écouter le troisième acte de *Tristan et Yseult*, sans aucun secours de la parole et de l'image, comme un colossal développement purement symphonique, sans que son âme fût comme forcée de tendre convulsivement toutes ses ailes avec une violence à perdre haleine. Un homme qui comme ici a, pour ainsi dire, appliqué son oreille au ventricule de la volonté du monde, qui est placé au point d'où il sent le frénétique désir de vivre se répandre dans toutes les artères du monde, comme un torrent mugissant ou comme une cascade vaporeuse, cet

homme pourrait n'être pas brusquement brisé? Sous
la misérable enveloppe fragile comme verre de l'individu humain, il pourrait supporter l'écho d'innombrables cris de joie et de douleur s'élevant du « lointain espace de la nuit des mondes », sans céder irré-
sistiblement à cet appel de berger de la métaphysique
et se réfugier dans la patrie originaire? Mais qu'il
soit possible de recevoir l'impression d'une telle œuvre dans sa totalité, sans renier l'existence individuelle, qu'une telle création ait pu être édifiée sans
écraser son créateur — d'où tirerons-nous la solution
d'une telle contradiction ?

Entre notre suprême exaltation musicale et cette
musique s'interposent le mythe tragique et le héros
tragique, qui ne sont au fond que symboles des événements les plus universels que seule la musique peut
exprimer directement. Mais le mythe, s'il restait à
l'état de symbole, et que nous fussions en proie à la
seule manière de sentir dionysiaque, demeurerait
sans action sur nous et inaperçu ; à aucun moment il
ne pourrait nous détourner de prêter l'oreille à l'écho
des *universalia ante rem*. C'est ici qu'intervient
l'action de la force apollinienne qui, par le baume
salutaire d'une illusion ravissante, rend à lui-même
l'Individu presque dissous. Nous croyons soudain ne
plus voir que Tristan lui-même, lorsqu'il gît là sans
mouvement et se demande, à peine conscient : « Le

vieil air! Que m'éveille-t-il? » Et ce qui tout à l'heure
nous impressionnait comme un sourd gémissement
jailli du centre de l'être nous dit seulement à présent
combien « nue et vide est la mer ». Et là où nous
avions le sentiment de défaillir privés de souffle, dans
la tension convulsive de tous les sentiments, là où
nous ne tenions plus que par un fil à cette existence,
maintenant nous n'entendons et ne voyons plus que
le héros blessé à mort et pourtant ne mourant pas,
avec son appel plein de désespoir : « Désir! Désir!
Alors que je meurs, désirer! et, de désir, ne pouvoir
mourir ! » Et quand après une telle outrance et une
telle profusion de dévorantes tortures, la joie déli-
rante du cor, presque comme la torture suprême,
vient nous fendre le cœur, alors entre nous et cette
« ivresse en soi » se dresse Kurwenal transporté
de joie, tourné vers le vaisseau qui porte Yseult. Si
violemment que nous souffrions avec Tristan, en un
certain sens cependant la pitié nous sauve de la souffrance originaire du monde, comme l'image symbolique du mythe nous sauve de la perception immédiate
de l'idée suprême du monde, comme la pensée et la
parole nous sauvent du débordement sans digue de
la Volonté inconsciente. Grâce à cette magnifique
illusion apollinienne, il nous semble que le royaume
des sons s'avance lui-même vers nous, sous la forme
d'un monde plastique ; il nous semble aussi qu'en lui,

comme en la matière la plus tendre et la plus expressive, ait été modelé et sculpté le seul destin de Tristan et Yseult (1).

En un mot, la contemplation d'individus, d'événements et de sentiments déterminés nous sauve de l'action dissolvante d'une musique qui exprime l'infini en soi. Mais, de son côté, cette musique ajoute aux idées et aux péripéties du drame, aux émotions et aux gestes des personnages, aux images du décor, une extraordinaire puissance de relief ; grâce à elle, tout se dessine en profondeur. Il semble que nous voyions le contour des figures et de l'action dramatique se découper sur le fond même de la vie universelle. Jamais le poète, avec les seules ressources du verbe et de la mimique, ne réaliserait ce prodige de translucidité. On pourrait donc dire que « l'illusion apollinienne a remporté une com-
« plète victoire sur l'élément dionysiaque pri-
« mordial de la musique et a transformé celle-ci

(1) *Naissance de la Tragédie,* pp. 148 et suiv.

« en un instrument de ses desseins, qui tendent
« à la suprême clarté du drame ».

Ce n'est pas là, poursuit Nietzsche, l'aspect le
plus profond, ce n'est pas le véritable rapport des
choses. La musique de *Tristan* semble, par l'effet
même de l'enchantement apollinien, ne s'appliquer qu'aux amours et aux souffrances de Tristan et d'Yseult. En réalité elle exprime ce qu'exprime toute musique inspirée, une réalité infinie,
grosse, pour ainsi dire, d'une infinité d'individus périssables dont les destinées ne sont par
rapport à elle que d'éphémères et vaines efflorescences. « D'innombrables apparences pour-
« raient passer devant la même musique, elles
« n'en épuiseraient jamais l'essence, elles n'en
« seraient toujours que des effigies extériorisées. »
C'est ce dont nous prenons conscience, quand,
après avoir suivi le drame à la scène, dans le
détail et l'enchaînement de ses péripéties, nous
l'embrassons comme un tout, nous en recevons
une impression d'ensemble. Alors la matière
proprement dite du drame ne nous paraît plus

réelle. Nous la voyons s'évanouir dans le sein de l'universel. Spectateurs divinement illusionnés, nous avions passionnément cru à la vie. Le sentiment qui nous exalte maintenant est celui de la mort. « L'élément dionysiaque reconquiert la prépondérance. »

Qu'une musique qui conviendrait, Nietzsche nous le dit, à d'innombrables drames, ajoute à chacun de ces drames en particulier tant de clarté et de précision, voilà qui paraît étrange. Il semblerait qu'elle ne pût qu'obscurcir les caractères par où il se distingue de tous les autres. Encore une fois, il vaut mieux ne pas attacher d'intérêt théorique à cette glose de Tristan, mais n'y voir qu'une peinture d'impressions. Tous ceux à qui il est advenu de se laisser prendre au vertige de cette musique conviendront qu'il n'est pas possible d'en décrire avec plus de puissance et de vérité les effets sur la sensibilité et sur l'esprit. Peu importe, à cet égard, la passion d'apologétique sans réserve qui anime Nietzsche. Un jour viendra où, pour déconsidérer cette même œuvre, il n'aura guère besoin de substituer d'autres caractéristiques à celles qu'il en donne ici. Seulement « la tension convulsive de tous les sentiments » ne lui paraîtra plus un état admirable ni divin. Comme ce peintre qui, par l'addition d'un trait imperceptible, transformait un délicieux sourire en affreuse grimace, à peine aura-t-il besoin de modifier l'expression des motifs de son présent enthousiasme pour y fonder le plus sévère jugement. Le « métaphysique » apparaîtra alors le pathologique; le ciel de l'extase deviendra l'enfer de la névrose ; et cette impression d'« infini » que laisse la musique de *Tristan* sera imputée à l'artifice du compositeur tirant de son impuissance même à créer des formes belles, vigoureuses, définies, un équivoque et vertigineux moyen de séduction.

CHAPITRE IV

SUR LA DISSONANCE

Les idées théoriques de Nietzsche sur la nature « dionysiaque » de la musique, jointes à l'analyse des voluptés sans pareilles que lui procurait *Tristan*, l'ont conduit à exprimer, sur le rôle respectif de la « dissonance » et de la « consonnance » dans la composition musicale, des aperçus rapides, mais gros de conséquences.

Ils renversent (que Nietzsche s'en soit ou non bien rendu compte), sur un article essentiel, les principes de l'esthétique classique, ils suffisent à caractériser un type de musique et une qualité de plaisir musical qué les classiques eussent condamnés. Essayons de faire saisir cette opposition.

La musique exprimant essentiellement, d'après

Nietzsche, une souffrance, la souffrance inhérente au sentiment de la vie dès qu'il prend en nous quelque puissance, il est dans la nature de l'émotion musicale de nous faire aspirer à une diversion contemplative. Mais dans la musique elle-même, il est un élément qui porte plus directement l'accent de la douleur et un autre élément qui, par comparaison au premier, peut être dit apollinien et dans lequel s'apaise fugitivement la douleur enivrante rendue au vif par le premier. L'un est la Dissonance et l'autre la Consonnance, dans laquelle la Dissonance se résout. Nietzsche dit que « la douleur est productive (1) ». Pareillement, l'harmonie dissonante contient virtuellement la série plus ou moins prolongée des mouvements des parties par lesquels sera ramenée entre elles une relation consonnante.

Dissonance et consonnance dans la musique : nous pouvons tenir ce langage, qu'une note dissonante fait souffrir un accord (2).

(1) T. IX, p. 191.
(2) T. IX, p. 205.

Cette « souffrance » expire dans la « résolution » de la dissonance. Il en résulte bien que la consonnance est de la nature même du beau. Car Nietzsche définit le beau « négation de la souffrance (1) », ce qui revient, d'après sa philosophie, à le définir négation de la réalité. Le beau est le caractère d'une « apparence » que nous composons conformément à notre rêve de grâce, d'harmonie, de perfection, d'éternité. Les arts qui ont le beau pour objet et pour fin sont les « arts de l'apparence ». Mais, nous le savons, la musique s'oppose par sa nature à tous les arts de l'apparence. Elle est l'expression du réel en soi. Elle traduit le sentiment exalté du devenir universel et la volupté de ce sentiment. Que s'ensuit-il? Qu'un élément de beauté, s'il existe dans la musique, n'y saurait apparaître qu'à titre secondaire et subordonné, que la consonnance ne doit intervenir que comme ornement dans une trame harmonique dont la dissonance est la véritable substance, le véri-

(1) T. IX, p. 201.

table fond. « Que l'on pense, écrit Nietzsche, à la *réalité* de la dissonance par opposition à l'*idéalité* de la consonnance (1). » La musique n'ayant pas pour fin l'idéal, dégénérant, d'après Nietzsche, comme d'après Schopenhauer et Wagner, dès qu'elle se laisse prendre aux séductions de « la belle forme », la dissonance est bien le fond du discours musical et la consonnance n'est qu'un accident, un épisode fugitif, une halte agréable dans le cours de la dissonance (2).

L'opposition radicale entre cette conception et l'esthétique commune à Bach, Hændel, Mozart, Beethoven (esthétique dont Schumann et Chopin ont assoupli et raffiné infiniment les formes, mais sans les briser), cette opposition, disons-nous, est flagrante. Pour les classiques, la consonnance est l'élément dominateur et la dissonance lui est subordonnée. Les thèmes générateurs sur lesquels repose tout l'ensemble de

(1) T. IX, p. 190.
(2) *Naissance de la tragédie*, p. 169.

l'édifice symphonique sont conçus en harmonie consonnante et contiennent l'affirmation tonale la plus énergique ou tout au moins la plus nette. L'ambiguité ou l'indétermination tonale d'une de ces formes maîtresses qui sont dans la symphonie ce que le squelette est dans le corps eût paru à Beethoven une monstruosité esthétique. Exclue donc de l'Idée, la dissonance triomphe dans le développement de l'Idée, dans l'épisode, dans tous les modes du jeu musical dont la liberté (l'idée mère puissamment établie) peut s'élancer et s'épanouir infiniment. Ainsi s'explique la magnifique pesanteur de la symphonie beethovenienne, la sécurité qui ne cesse de soutenir ses plus audacieux élans, ses plus tumultueuses fantaisies ; il semble que les fondements de l'édifice sonore descendent plus profond à mesure que ses cimes s'élèvent et que ses ornements aériens se raffinent. Les prestiges subtils de l'harmonie dissonante ne donnent que plus d'éclat au triomphe souverain de sa noble ennemie, luttant à découvert.

Dans l'esthétique ultra-tristanienne qu'évoque Nietzsche, et dont on a vu depuis Tristan des exemples de plus en plus prononcés, le dissonant forme le principe, la fin, le support (si support pouvait se dire d'un élément qui se définit par instabilité et fluidité), le milieu général ; la consonnance n'apparaît que comme rencontre heureuse, bonne fortune, agrément fugitif ; elle n'en est que plus enchanteresse, mais elle s'est fait payer un peu cher, tel un timide rai de soleil, un jour d'orage..... ou de pluie. Sans appliquer certes cette observation à *Tristan*, il faut dire, en général, à l'avantage de cette musique à base dissonante, c'est-à-dire sans base, que le mâle et clair langage de l'harmonie consonnante ne convient qu'à des idées grandes et pleines ; il souligne de sa grandeur propre la misère des autres. Au lieu que le langage dissonant a une vertu merveilleuse pour amplifier et faire chatoyer à l'infini des avortons, des larves et des filaments d'idées.

Faut-il prévenir cette méprise que les présentes

observations seraient dirigées contre les progrès propres de l'harmonie dissonante du xvie siècle à nos jours? Si loin qu'aille encore ce développement, ce raffinement propre de l'harmonie dissonante, l'être de la musique ne sera pas bouleversé, mais au contraire enrichi, et accru, tant que ce développement se fera, ce raffinement s'épandra entre les fermes bornes, les colonnes doriques de l'harmonie consonnante.

Nietzsche adopta plus tard la doctrine que nous saisissons ici l'occasion de défendre contre lui.

CHAPITRE V

DU RAPPORT DE LA MUSIQUE
AVEC LA MIMIQUE ET LA POÉSIE
DANS LE DRAME MUSICAL

La thèse, aussi témérairement exposée que possible dans *la Naissance de la Tragédie*, c'est que, dans la tragédie grecque comme dans le drame wagnérien, la composition dramatique naît tout entière de l'inspiration musicale. Cette thèse, Nietzsche le disait expressément lui-même (1), n'est intelligible que du point de vue de la métaphysique de Schopenhauer; elle ne prend corps dans quelque expérience concrète que pour ceux qui ont connu les impressions décrites par Nietzsche au sujet de *Tristan*. Encore constitue-t-elle une interprétation dogmatique tout à fait abusive de ces impressions.

(1) T. IX, p. 233.

Il est beaucoup mieux inspiré quand, échappant à l'influence de la métaphysique musicale de Schopenhauer, et à la fascination exercée par Tristan sur son adolescence, il applique librement aux problèmes esthétiques son observation directe et sa faculté, déjà si vigoureuse, d'analyse.

Dans un petit écrit posthume qui a pour titre : *la Conception dionysiaque du monde* (1), et qui a été publié dans la collection de ses « études et esquisses » en vue de *la Naissance de la Tragédie*, il pose avec beaucoup de précision le problème des rapports de la musique avec la mimique et la parole dans le drame musical. Il attribue à chacun de ces moyens d'expression une partie nettement distincte dans l'expression des sentiments. Il est à peine besoin de faire remarquer que cette façon de poser la question contredit, à elle seule, à la thèse de *la Naissance de la Tragédie*.

(1) T. IX, p. 85.

Nietzsche reconnaît dans le fait psychologique du sentiment un « complexus » d'éléments hétérogènes. Tout d'abord un élément purement « quantitatif » ou intensif qui se fait sentir à nous sous forme de plaisir ou de déplaisir. Cet élément fondamental correspond, dit-il dans son langage schopenhauérien, à la tension de la volonté. Le langage positif de la psychologie dirait, tout à fait dans le même sens : exaltation ou dépression de l'énergie vitale, ou bien encore de la « cœnesthésie ».

A ce substrat organique commun de tous les sentiments s'ajoute un ensemble de « représentations ». Ce sont ces représentations concomitantes qui différencient en genres divers le plaisir et le déplaisir et donnent aux divers sentiments leurs qualités et leurs noms.

Il n'y a pas des espèces de plaisir, mais seulement des degrés, avec d'innombrables représentations concomitantes (1).

(1) T. IX, p. 92.

Ces représentations sont de deux sortes. Les unes claires, analysables à la réflexion, sont des idées et se peuvent traduire par des mots. Il appartient à la poésie de les exprimer. Du sentiment, la poésie exprime tout le contenu distinct pour la pensée.

Quant aux représentations du second genre, elles sont ce que le langage de la psychologie appellerait des images motrices. Elles participent à la nature de l'instinct et de l'inconscient. Tout sentiment se manifeste par une mimique qui comprend des mouvements des diverses parties du visage, des gestes, une certaine attitude du corps. Mais cette mimique n'est pas, par rapport au fait psychique du sentiment, quelque chose d'extérieur, de surajouté ; elle en fait partie intégrante. Parmi les éléments constitutifs du sentiment se trouve la représentation, d'ailleurs tout instinctive, d'une certaine mimique et l'action mimique n'est que la réalisation visible de cette image interne. En un mot, il n'est pas exact de dire que certains jeux de physionomie, certains gestes sont attachés à l'expression d'un sentiment; ils font corps avec lui ; ils sont lui-même. Ce n'est pas du tout par réflexion que nous nous représentons le sentiment mimé sous nos yeux soit par une personne qui l'éprouve, soit par un acteur qui l'imite; c'est instinctivement. Il se produit chez nous « par sympathie « une innervation des mêmes parties du visage « et des mêmes membres dont nous percevons le « mouvement(1) ». Ce phénomène d'innervation et les mouvements qu'il détermine étant invariablement associés aux autres éléments constitutifs du sentiment, ils surgissent à sa suite dans la conscience, et, à vrai dire, nous « vivons » bien plutôt que nous ne concevons le sentiment mimé devant nous.

Ces observations déterminent le rôle de la mimique dans l'expression esthétique du sentiment.

Reste l'élément « quantitatif » ou intensif. Celui-ci ne se peut traduire ni par le geste ni par la

(1) T. IX, p. 93.

parole. Il est de toute autre nature. Quel est le moyen d'expression qui lui convient?

Si le geste (et la parole) servent de symboles aux représentations concomitantes, sous quel symbole les mouvements de la *volonté* elle-même nous sont-ils rendus perceptibles? Quel intermédiaire fournit ici l'instinct? *Cet intermédiaire est le son.* Pour parler plus exactement, ce sont les différents modes du plaisir et du déplaisir (sans aucune représentation concomitante) que le son symbolise (1).

En d'autres termes, le fait psychologique du sentiment comprend des phénomènes intellectuels, des phénomènes moteurs et un phénomène affectif, lequel s'éprouve, mais ne s'analyse pas. Ce dernier a son expression naturelle dans tous les modes, nuances et degrés du son musical.

Il est donc dans la nature des choses que poésie, mimique et musique, quand l'art les associe, ne fournissent pas trois expressions superposées du même sentiment, mais se partagent entre elles les trois éléments en lesquels le sentiment se décompose.

(1) T. IX, p. 95.

Ces trois moyens d'expression, comme les élé-ments réels auxquels ils correspondent, sont entre eux dans un rapport de généralité crois-sante.

La parole exprime ce qu'il y a de plus indivi-duel dans un sentiment, à savoir : les idées sous lesquelles celui qui l'éprouve se représente et ce sentiment lui-même et les circonstances exté-rieures auxquelles il se rapporte. Il est certain que ces idées varient beaucoup selon le caractère et la culture de l'individu.

Les phénomènes moteurs caractéristiques d'un sentiment sont au contraire les mêmes chez tous les hommes. Seul le degré varie. La mimique ne peint donc pas l'individu, mais l'espèce humaine.

Enfin le plaisir ou la douleur, inhérents à tout état de sensibilité, signifient épanouissement ou compression des forces vitales de l'individu, lesquelles s'alimentent aux forces générales de l'univers. La musique exprime les affections de la sensibilité individuelle comme modes de l'énergie universelle.

L'homme cesse d'être individuel; voilà ce qu'exprime la symbolique visible, le langage des gestes; le *satyre* [de l'ancienne tragédie grecque] parle comme être de nature parmi des êtres de nature, et cela par le moyen de la *danse* qui est le langage des gestes au degré supérieur. Mais par le chant il énonce les pensées les plus intimes de la nature : ce n'est pas seulement le génie de l'espèce, comme dans le geste, mais le génie de l'existence en soi, la volonté qui, sans intermédiaire, se rend intelligible ici. Par le geste donc l'homme demeure dans les limites de l'espèce et par conséquent du monde de l'apparence; mais par le chant, il dissout pour ainsi dire le monde de l'apparence dans l'unité originaire dont il a conscience, le monde de Maïa s'évanouit devant sa magie (1).

Nietzsche nous fait remarquer que ces diverses formes de l'expression esthétique se trouvent déjà réunies dans la simple émission d'un mot ou d'une phrase. Le mot est attaché à un concept. La bouche dessine certains mouvements pour le prononcer. Il est émis plus ou moins fortement, avec une certaine intonation, et sur un certain rythme. La vertu significative du mot ne

(1) T. IX, p. 96.

comprend pas seulement son sens abstrait; il y entre le groupe entier des représentatious et sensations impliquées dans son émission vocale.

Analysant dans le même esprit la musique elle-même, Nietzsche y distingue trois éléments : la nature de l'un a quelque rapport à la mimique, l'autre est l'expression directe de l'activité mystérieuse et ineffable de la Volonté, du mouvement le plus secret de la vie ; le troisième est intermédiaire.

Pour caractériser les différentes sensations de déplaisir, tout ce que nous pouvons, c'est de peindre par des images les représentations auxquelles la symbolique du geste donne une forme distincte : nous parlons, par exemple, de frayeur subite, des « battements, tiraillements, soubresauts, élancements, déchirements, morsures, picotements » de la douleur. Il semble que, par là, s'expriment certaines « formes d'intermittence » de la volonté ; bref, dans la symbolique du langage sonore, c'est là le Rythme. La Volonté, dans la plénitude de sa montée, la quantité changeante de plaisir et de déplaisir, voilà ce qui est reconnaissable dans la Dynamique du son. Mais l'être propre de ces phénomènes ne se laisse pas exprimer par images et est caché dans l'Harmonie.......

Tandis que le Rythme et la Dynamique sont encore en quelque manière des aspects extérieurs de la Volonté manifestée en symboles, sont encore presque empreints du type de l'apparence, l'harmonie est le symbole de la pure essence de la Volonté. Par conséquent, le rythme et la dynamique caractérisent encore l'apparence individuelle comme apparence ; *de ce côté la musique peut se perfectionner jusqu'à devenir art de l'apparence.* Le résidu inanalysable, l'harmonie parle de la Volonté qui déborde toutes les formes de l'apparence et leur est immanente ; elle n'est donc pas simplement une symbolique du sentiment, mais une symbolique de l'univers (1).

Qu'entend Nietzsche par la « dynamique » du son ? La mélodie assurément, puisque, rythme et harmonie mis de côté, il ne reste à considérer dans une phrase musicale que le contrepoint, dont il ne saurait être ici question, et la mélodie. Le nom sous lequel la désigne Nietzsche semble indiquer qu'il envisage en elle non la « ligne », mais l'accentuation variable de ses parties successives, en d'autres termes, l'expression ou la déclamation.

(1) T. IX, p. 95.

En imaginant que la musique « puisse acquérir les propriétés d'un art de l'apparence », il
contredit au principe par lui adopté jusqu'ici,
d'après lequel la musique « ne doit pas être
appréciée d'après la catégorie du beau ». Le seul
but des « arts de l'apparence », n'est-ce pas, en
effet, la « création des belles formes » ?

On peut également s'étonner qu'il paraisse
borner à l'imitation des manifestations motrices
du sentiment le champ de l'invention rythmique.
Le rythme n'est-il pas par excellence le domaine
de la libre invention musicale?

Enfin la signification plus spécifiquement métaphysique, c'est-à-dire musicale, qu'il attribue
à l'harmonie, semble bien accorder à celle-ci la
prépondérance sur les autres éléments de l'art.
Voici encore qui s'oppose directement à la doctrine des maîtres classiques, chez qui l'harmonie
est de ces divers éléments le plus subordonné,
non certes qu'une écriture harmonique terne,
commune, inexacte, ne suffise à déshonorer une
œuvre, mais parce que la justesse et la pléni-

tude de l'écriture harmonique doivent naître naturellement de la justesse et de la puissance de l'idée mélodique et de la sûreté de la construction contrapunctique. Rechercher pour eux-mêmes le pittoresque, le chatoiement, la saveur de l'harmonie, c'est même erreur que de vouloir, en littérature, suppléer à l'insuffisance ou au manque d'intérêt de la pensée, à la faiblesse ou à l'incertitude de la composition par l'éclat des images et le raffinement des métaphores.

Mais il y aurait quelque injustice à souligner davantage les témérités de Nietzsche sur le terrain propre de la technique musicale, quelque intime correspondance qu'on y surprenne d'ailleurs avec une certaine viciation de sa sensibilité esthétique à ce moment.

Ses idées théoriques sur les rapports normaux de la musique avec la mimique et la parole méritent certes de retenir l'attention. Quelle qu'en soit la valeur propre, elles ont ce mérite de poser ce qu'on peut appeler le problème du drame musical, de mettre en question la légitimité du genre lui-même, de formuler les difficultés qu'il devrait avoir résolues pour se défendre au regard d'une esthétique sérieuse.

Voici, en effet, un art qui utilise simultanément des moyens d'expression empruntés à tous les arts. Est-ce simplement en vue d'additionner les divers genres de jouissances esthétiques, de superposer une pièce de théâtre, une suite de morceaux de musique, un spectacle et un ballet ? Ce grossier empirisme esthétique ne saurait séduire que ceux qui n'ont de sensibilité ni de délicatesse à l'endroit d'aucun art particulier et que le défaut de raison d'être et de logique dans les choses n'offense pas. Ce serait la prostitution de tous les arts réunis. Le rapport de la musique, de la poésie, de la mimique, de la danse (s'il y a danse) et du jeu décoratif dans l'opéra ou le drame musical ne doit s'appeler ni accumulation, ni juxtaposition, mais collaboration. Or, collaboration implique une affinité de nature entre les diverses forces collaboratrices et les diverses parties de la tâche totale. C'est l'observation qui a fourni à Nietzsche sa méthode dans l'examen d'un problème qu'il n'a peut-être pas su résoudre, qui ne peut peut-être pas être résolu, mais dont l'investigation s'impose.

Dans une note contemporaine du petit écrit que nous venons d'analyser, il en propose une solution dont l'énoncé est extrêmement séduisant, mais que lui-même croit irréalisable, du moins actuellement. Elle s'inspire de ses idées sur la tragédie grecque primitive ; elle consiste tout simplement à reléguer les chanteurs dans l'orchestre et à produire sur la scène un drame mimé. La concordance du langage musical avec le langage mimé est, pense-t-il, beaucoup moins difficile à concevoir que son accord avec le langage parlé, parce que le langage mimé exprime quelque chose de beaucoup plus général et de plus simple. Le chanteur, c'est le texte, c'est le *libretto*, c'est cette précision logique d'explications, ce détail des sentiments et des idées, absolument contraires à l'esprit de la musique et qui ne peuvent qu'en paralyser perpétuelle-

ment l'expansion, sans compter que le spectateur ne perçoit pas les paroles. Il faut affranchir la musique de cette servitude et « puri-
fier » la scène de cette superfluité oppressive.

Je pense que nous devons d'une façon générale supprimer le chanteur. Car le chanteur dramatique est
une monstruosité. Ou bien nous devons le faire passer
dans l'orchestre. Il n'a plus le droit d'altérer la musique ; mais il doit agir sous la forme du chœur, par
la pleine sonorité de la voix humaine ajoutée à l'orchestre. Donc, rétablir le chœur ; en face de lui, le
monde des images, le mime. Les anciens observent
le vrai rapport : ce n'est que par une préférence sans
mesure accordée à l'apollinien que la tragédie a été
ruinée : nous devons revenir au stade pré-eschylien...
S'il n'est pas naturel que le chanteur chante dans
l'orchestre et que la scène appartienne au mime, du
point de vue de l'art, cela ne répugne pas, tant s'en
faut (1).

La voix humaine collaborera de deux façons
à l'expression dramatique. Tout d'abord, de
tous les instruments c'est elle qui a « la sonorité
la plus pleine d'âme ; l'orchestre ne suffit

(1) T. IX, p. 255.

pas ». Ensuite le chœur ajoutera au drame mimé une sorte de commentaire lyrique qui en exalte la signification.

Le chœur a une vision et décrit, enthousiasmé, ce qu'il contemple.

Nous craignons que, si l'on apportait à un directeur de théâtre lyrique une œuvre conçue dans ce système, le génie des auteurs fût-il avéré, il ne refusât énergiquement de la proposer au public. Nietzsche en voit très bien la raison. Tout cela est bel et bon, dit-il, mais la défectuosité de notre art mimique! En fait, un acteur qui mimerait sans chanter ne serait pas supporté! Nietzsche semble croire à la possibilité de perfectionner l'art mimique, de lui acquérir la richesse de moyens techniques et de nuances d'expression de l'art musical lui-même (1).

Telle était, à l'époque de *la Naissance de la Tragédie*, l'état des idées de Nietzsche sur ces hautes questions qui engagent, répétons-le, l'existence même d'un drame musical. Dans une suite

(1) T. X, p. 434.

11.

d'observations sur Richard Wagner écrites en 1874 qui fourniront à la présente étude quelques-unes de ses données. les plus importantes, il les pose encore avec la même précision de termes, mais en tenant compte d'un facteur précédemment omis : le temps. Les trois formes d'expression obéissent, observe-t-il, à des lois de durée tout à fait différentes. Ce que la musique, par exemple, dit longuement, la poésie le dit en deux mots, et réciproquement. De là des difficultés de concordance dont en définitive il ne lui semble pas qu'on puisse venir à bout. Le texte où il s'en explique appartient à un cahier de notes; il n'y faut pas chercher l'ordre d'une rédaction achevée; il nous a semblé cependant qu'on ne saurait mieux serrer la question :

> Que dire de cette nécessité qui veut que le développement propre du drame et son développement dans l'esprit du musicien coïncident à chaque moment et observent entre eux le plus exact parallélisme ! Voilà la musique qui trouble l'auteur dramatique, car, pour exprimer quelque chose, elle emploie le temps, souvent pour un unique élan d'émotion

dans le drame il lui faut toute une symphonie. Que fait pendant ce temps le drame? C'est là que Wagner utilise le dialogue, d'une façon générale le langage.

Ici donc survient une nouvelle puissance et une nouvelle difficulté, le langage. Il parle en concepts. Et ceux-ci ont également leurs lois propres de durée.

Mime, concepts, musique, expriment le sentiment fondamental, chacun dans une mesure [au sens musical] différente. Le drame parlé est régi par celle de ces puissances qui emploie le plus de temps : le concept. C'est pourquoi l'action est souvent un repos, elle est plastique, elle est le groupe. Surtout dans l'antique. La plastique au repos exprime un état. Le jeu mimique est donc notablement déterminé par le drame parlé.

Maintenant vient le musicien qui emploie des temps tout différents, et, à proprement parler, il n'y a pas de lois du tout à lui prescrire ; la vibration d'une émotion peut se prolonger longtemps chez un musicien, être de courte durée chez un autre. Quelle exigence cependant que de faire marcher de front le langage du concept et le langage musical !

Mais le langage à son tour contient lui-même un élément musical. La phrase fortement sentie a une mélodie qui est aussi une image du mouvement le plus universel de la Volonté présente là. L'art peut utiliser et interpréter cette mélodie à l'infini.

La réunion de tous ces facteurs semble impossible : tel mucisien traduira isolément des dispositions émotionnelles excitées par le drame, qui ne saura que faire de la plus grande partie du drame ; de là sans doute le récitatif et la rhétorique. Le poète sera impuissant à tirer d'affaire le musicien et par là hors d'état de se tirer d'affaire lui-même : il ne désire qu'une chose, faire autant de poésie qu'on en peut chanter. Mais c'est là ce dont il a une connaissance théorique, nul sentiment interne. Voici à son tour l'acteur, qui est aussi chanteur et doit à ce titre se livrer à une foule d'actions, ce qui n'est pas dramatique, ouvrir la bouche toute grande, etc. ; il lui faut des manières conventionnelles. Maintenant tout changerait, s'il arrivait que l'acteur fût en même temps musicien et poète (1).

Cet acteur, en même temps musicien et poète, ou, plus précisément, ce génie d'acteur qui a à son service les moyens du musicien et du poète, Nietzsche ne l'imaginait pas. Il croyait l'avoir sous les yeux en la personne de Richard Wagner. Nous le verrons bientôt expliquer comment, grâce à cet assemblage de qualités et à la prédominance impérieuse de celle à laquelle semble con-

(1) T. X, p. 438.

venir le dernier rang, Wagner put, non pas résoudre, mais prestigieusement éluder les difficultés intrinsèques que la définition même du drame musical semble opposer à sa réalisation esthétique.

CHAPITRE VI

CRITIQUE DE L'OPÉRA

Des conditions que Nietzsche assigne à la légitime association de musique, de poésie et de mimique, on pourrait inférer son opinion sur l'opéra. Il a fait de ce genre une critique fort curieuse. A vrai dire, elle s'inspire moins directement de sa théorie sur les rapports normaux des trois formes d'expression que de ses idées sur l'autonomie de la musique. Il faut noter entre ces idées et cette théorie un désaccord beaucoup plus apparent que réel. D'un côté, Nietzsche professe que la musique ne saurait traduire ni des images ni des situations morales, ni des sentiments définis, qu'une musique puissamment inspirée d'ailleurs « réduit à rien notre sensibilité à l'image et à la parole » et doit être sentie et goûtée comme musique pure. D'autre part, il reconnaît dans le sentiment, à côté d'éléments que seule la musique peut exprimer, d'autres éléments qui relèvent de l'expression poétique et il se demande grâce à quel progrès de l'art ces deux modes d'expression pourront, à l'égard d'un même sentiment, se produire ensemble et se développer de conserve sans se faire tort l'un à l'autre. Dans les deux cas, il dénie absolument à la musique le caractère d'un art d'imitation. Tant que l'association de musique et de paroles ne sera pas fondée sur une distinction précise de leurs domaines d'expression respectifs, tant que le musicien et le poète s'imagineront traduire chacun dans sa langue la totalité d'un même sentiment et ne s'associeront qu'en vue d'une plus grande intensité d'effet, il est, pense Nietzsche, inévitable ou que la poésie tue la musique ou que la musique tue la poésie. C'est cette seconde hypothèse qui se

réalisera, quelque belle que soit la poésie, si
la musique est vraiment inspirée, dionysiaque.
Mais dans ce cas un auditeur réellement capable d'enthousiasme musical ne veut pas entendre les paroles, ni s'en représenter le sens;
l'élan dithyrambique de son âme en serait
brisé. Ce que Nietzsche a dit à ce propos de
la *Neuvième symphonie*, il le répète d' « une
messe de Palestrina, d'une cantate de Bach,
d'un oratorio de Hændel (1) ». Le texte, ajoute-
t-il, n'existe que pour les chanteurs. Pour l'auditeur, c'est de la musique simplement, et cela
précisément parce que c'est de la grande musique.

L'opéra a commencé avec le besoin qu'a
éprouvé un public, chez qui la prédominance de
l'esprit rationaliste avait éteint la faculté d'enthousiasme dionysiaque, de percevoir avant tout
le sens des paroles (2). Cette prétention rabais-
sait la musique au rang d'art d'imitation, elle

(1) T. IX, p. 224.
(2) *Ibid*. Cf. *Naissance de la tragédie*, § 19.

opposait un invincible obstacle à l'expansion de sa puissance interne, elle la dénaturait.

Mettre la musique au service d'un enchaînement d'images et de concepts, en user comme d'un moyen pour y ajouter plus de force et plus de clarté, cette étrange prétention, contenue dans le concept de l'« opéra », me fait penser au ridicule personnage qui essaye de s'élever en l'air par la seule aide de ses bras : ce que tente cet insensé et ce que tente l'opéra, ainsi conçu, est pure impossibilité. Cette conception de l'opéra n'exige pas qu'on use mal de la musique, elle lui demande, comme je le disais, l'impossible. La musique ne peut jamais devenir moyen, de quelque façon qu'on la secoue, qu'on la pressure, qu'on la tourmente (1).

Comment la musique s'acquitte-t-elle d'une obligation au-dessus ou plutôt en dehors de sa puissance? Au moyen d'un symbolisme conventionnel dans lequel la convention a desséché toute sève naturelle et où la musique exténuée n'est plus qu'un memento (2). Nietzsche fait allusion à l'étroite nécessité qui ne laisse au compositeur d'opéra d'autre ressource pour avertir le

(1) T. IX, p. 225.
(2) *Ibid.*, p. 227.

public que tel personnage est en proie à un sentiment belliqueux, qu'une sonnerie de trompette, et qui attache à la fureur, à l'amour, au désespoir, à la rêverie, à la prière, à la pluie et au beau temps, des formules également nécessaires et consacrées.

Le public philistin jouit par tous les pores de cette « musique dramatique » qui a toujours honte d'elle-même, sans rien remarquer de sa honte et de sa contrainte (1).

Si le compositeur a du génie, il lui arrivera à tout instant d'échapper au lit de Procuste du genre pour se livrer à l'inspiration dionysiaque et écrire des pages de véritable musique. En ce cas il vaut mieux que le drame ait peu d'intérêt et de mouvement en lui-même, et que « le « librettiste n'ait fait que mettre à la disposition « du musicien les types dramatiques usuels « esquissés avec la roideur immuable des figu-« res égyptiennes ». Abandon à l'émotion musicale et intérêt actif pris au drame formant deux

(1) T. IX, p. 228.

états incompatibles, il vaut mieux que le passage ou la chute de l'un à l'autre soit chez le spectateur le moins brusque, le moins marqué possible ; et c'est à quoi conviendra un drame sans portée auquel on n'aura demandé que la qualité négative de n'être pas ridicule.

En principe, le genre traditionnel de l'opéra est condamné par Nietzsche, parce qu'il prétend faire de force de la musique ce qu'elle ne peut pas être : un art d'imitation. En fait, les meilleurs opéras offensent sa raison esthétique par leur constitution essentiellement hybride, et absolument exclusive de l'unité d'impression.

Cette alternance de discours passionnés, émouvants, bien que chantés à moitié seulement, et d'exclamations complètement chantées, qui est dans l'essence du *stilo rappresentativo*, les brusques fluctuations de cet effort qui s'évertue à agir tantôt sur l'intelligence et l'imagination, tantôt sur le fond musical de l'auditeur, sont quelque chose de si anti-naturel, de si intimement contradictoire aussi bien à l'instinct esthétique dionysiaque qu'à l'apollinien, que l'on en doit conclure que le récitatif [entendez : l'opéra traditionnel] a trouvé son origine en dehors de tous les instincts artistiques (1).

Outre cette critique, qui s'adresse à la constitution technique de l'opéra, Nietzsche en propose une autre qui concerne ce qu'on pourrait appeler la poétique du genre.

Il reconnaît dans l'opéra une création de l'esprit optimiste. Les inventeurs italiens de l'opéra crurent que le bel art grec, l'art radieux d'Homère, était l'expression primitive, l'épanouissement spontané du génie hellénique, auquel ils attribuaient à tort le caractère de ses créations apolliniennes, sérénité, amabilité enchanteresses. Ils se représentèrent sur le même type la musique primitive et crurent l'avoir retrouvée.

Le nouveau style passa pour une résurrection de la musique la plus puissamment expressive, celle des anciens Grecs. Et même, grâce à la conception unanimement acceptée et tout à fait populaire que l'on s'était formée du monde homérique comme étant le monde primitif, on put se laisser aller au rêve d'un retour aux commencements paradisiaques de l'huma-

(1) *Naissance de la Tragédie*, p. 131.

nité, où la musique aussi devait nécessairement avoir
possédé cette pureté non surpassée, cette puissance,
cette innocence que, dans leurs pastorales, les poètes
savaient évoquer d'une manière si touchante. Ici nous
pénétrons, dans ce qu'il a de plus intime, le principe
générateur de ce genre d'art tout spécialement
moderne, l'opéra : un besoin puissant se crée à soi-
même un art, mais un besoin de qualité inesthétique :
l'attrait passionné pour l'idylle, la croyance à l'existence d'un être humain artiste et bon à l'origine des
temps. Le récitatif passa pour le langage reconstitué
de cet homme primitif, l'opéra pour la patrie retrouvée de cet être d'une bonté idyllique ou héroïque, qui
obéit dans toutes ses actions en même temps à un
instinct artistique naturel, qui, à propos de tout ce qu'il
a à dire, chante pour le moins quelque chose, et sous
l'influence de la plus légère excitation du sentiment,
chante soudain à pleine voix. Peu nous importe
aujourd'hui qu'à l'aide de cette image nouvellement
créée de l'artiste paradisiaque les humanistes de l'é-
poque combattissent la vieille conception de l'Église
sur la nature humaine corrompue et damnée : de ce
point de vue il faut comprendre l'opéra comme la
doctrine d'opposition qui professe la bonté de l'homme ; mais en même temps on avait trouvé en lui un
moyen de consolation contre ce pessimisme auquel
précisément les esprits sérieux de ce temps, au milieu

12.

de l'épouvantable insécurité de toutes les conditions, étaient incités avec le plus de force. Il nous suffit d'avoir reconnu que le charme propre et par suite la genèse de cette nouvelle forme d'art résultent de la satisfaction d'un besoin complètement inesthétique, de la glorification optimiste de l'homme en soi, de la conception qui fait de l'homme primitif l'homme artiste et bon de nature.

L'idée est ingénieuse et son développement agréable. Mais Nietzsche ne commet-il pas une confusion? Autre chose est ce paganisme aimable, un peu béat, qui confond l'art avec la bergerie, qui exprime jusqu'aux extrêmes violences du sentiment en périphrases de cour et qui fait en effet partie de ce qu'on pourrait appeler la tradition vulgaire de l'opéra; autre chose cette noblesse choisie de langage de Racine, de Rameau ou de Gluck, qu'un barbare peut bien qualifier de convention, mais qui est, à vrai dire, le style, c'est-à-dire l'art lui-même. Je crains, dis-je, que Nietzsche, le Nietzsche de 1871, ne fasse pas suffisamment cette distinction, parce qu'il est très rare que les Allemands la fassent et qu'il était encore bien

Allemand, et aussi pour cette raison plus précise, qu'il applique à l'œuvre de théâtre « idyllique », qu'il vient de caractériser, le nom général de « spectacle latin » (*romanisches Schauspiel*) (1), qu'il y voit la réalisation esthétique de la « pensée latine ».

La glose que Nietzsche a consacrée à *Tristan* pourrait nous convaincre que Richard Wagner lui apparaissait alors comme le restaurateur de l'inspiration pessimiste dionysiaque dans l'art. C'est aussi nettement que possible le caractère que toutes les pages de *la Naissance de la Tragédie* veulent lui prêter aux yeux du public allemand. Mais certaines notes, d'ailleurs très fragmentaires et confuses, qui appartiennent à la préparation de cet ouvrage, nous révèlent chez Nietzsche une

(1) T. IX, p. 238, Nietzsche caractérise le « spectacle latin » comme celui où le « sentiment a pris la place du fond musical », ce qui signifie la substitution d'une vision optimiste et sentimentale de l'univers et de la vie au pessimisme qui est le fond nécessaire du théâtre tragique. Ce qualificatif « latin » joint à d'autres textes plus précis (IX, § 173, etc) ne nous permet pas de douter que Nietzsche pensât de la tragédie classique française ce qu'il dit ici de l'opéra, qu'il considérât Racine comme optimiste et sentimental. Cette erreur d'optique est commune à beaucoup d'Allemands.

arrière-pensée fort curieuse. Wagner y est présenté non comme un révolutionnaire à l'égard du genre de l'opéra, mais comme le consommateur de l'évolution du genre. Ses œuvres seraient encore de l'opéra, et géniales précisément en ceci que la tendance idyllique, optimiste, y atteint son apogée et y devient quelque chose de très puissant. Mais par là même les limites traditionnelles du genre se trouvent débordées et rompues. Tant que le rêve de la félicité et de la bonté naturelles de l'homme ne se proposait qu'au besoin de divertissement et à la complaisance sentimentale d'un public frivole, du moins à l'égard de l'art, il trouvait sa traduction musicale dans la romance et dans les agréments de la mélodie régulière. Mais la conscience de l'homme moderne a pris ce rêve terriblement au sérieux; elle s'est surtout attachée à son côté moral; et ce rêve lui paraissant vérité, elle a jugé à sa lumière l'horreur du monde moderne. La forme d'expression musicale de ces manières de sentir nouvelles, non par leur nature, mais par leur puissance, ne peut

être que « la plus vaste symphonie » (1). Wagner a libéré la symphonie du schématisme latin,
brisé les chaînes du rythme (2).

Devant son esprit flotte une musique allemande,
affranchie du joug latin : il ne la trouve, d'abord, que
comme *idyllique radical*, comme consommateur de
l'idée latine.

De cette musique ainsi libérée de toutes les
servitudes particulières de l'opéra, et qui n'en
retient que l'inspiration fondamentale, à la musique absolument libérée, dionysiaque, il n'y a
qu'un pas. On pourrait supposer avec beaucoup
de vraisemblance que Nietzsche trouvait ce pas
franchi dans *Tristan*, mais qu'il rangeait *Lohengrin*, peut-être *Siegfried*, dans le domaine de
l'« idylle ». Le texte suivant nous laisse assez
incertains sur la valeur de cette interprétation.

Richard Wagner, c'est l'Idylle dans notre époque :
ni la légende, ni le vers ne sont, chez lui, de qualité

(1) T. IX, p. 254.
(2) *Ibid.*, p. 251.

populaire, et cependant ils sont allemands tous deux. Avec lui nous ne dépassons pas encore l'Idylle. Wagner a poussé la tendance originaire de l'opéra, la tendance idyllique, jusqu'à ses conséquences, conçu la musique, le vers, le mythe comme idylliques (en en brisant les formes). En cela, il nous donne la plus haute jouissance sentimentale : jamais il n'est naïf(1).

En général, ces premières vues sur le rapport de l'art wagnérien avec le genre traditionnel de l'opéra ne sont pas très précises; du moins l'expression en est-elle obscure (2). Qu'elles diffèrent très sensiblement de la doctrine soutenue dans *la Naissance de la Tragédie* sur la nature et la signification de cet art, ce n'est pas douteux. Inconsciemment peut-être Nietzsche a sur le même sujet une conception ésotérique et une conception exotérique. Ou bien il n'ose pas, vis-à-vis de lui-même, penser tout haut, publiquement, ce qu'il pense tout bas : à savoir, que si l'œuvre de Wagner est du grand opéra à la

(1) T. IX, p. 256.
(2) On contrôlera la valeur de notre commentaire par l'examen des §§ 164, 170, 172, 175, 177, 180, 182 et 186, et 190 du tome IX.

centième puissance, c'est tout de même du grand opéra. Comment s'explique cette ambiguïté? Par des raisons assez générales que nous essayerons de résumer.

CHAPITRE VII

SITUATION INTELLECTUELLE
DE NIETZSCHE PAR RAPPORT A WAGNER

Les théories et les sensations esthétiques si
mêlées, que nous avons essayé d'élucider jusqu'ici, appartiennent au début littéraire de
Nietzsche, et la matière des précédentes analyses est empruntée, sauf une exception, à ses
écrits de l'année 1871. Pris en eux-mêmes, les
éléments qui composent la pensée esthétique
de ce jeune homme de génie font un ensemble
assez chaotique, mais chacun d'eux a beaucoup
d'énergie et correspond à une expérience, mal
interprétée peut-être, mais très ardemment sincère. Précisément parce que toutes ces idées
mal accordées du premier Nietzsche sont

« vécues », il est assez aisé de comprendre comment elles se sont donné rendez-vous dans sa tête.

En ce qui concerne la musique en général : 1° il a un grand enthousiasme intellectuel pour le pessimisme ; 2° les plus fortes émotions de sa sensibilité et excitations de son imagination, il les doit à l'art musical. Parce qu'il est jeune et que la jeunesse ne doute pas que ses expériences soient la mesure des choses, il veut confondre ces deux objets d'amour en un seul et il se persuade que la musique exprime dans le langage émotionnel ce que la doctrine pessimiste exprime dans le langage de l'intelligence (1). Il aime donc dans la musique et la musique et autre chose que la musique : la vérité transcendante, l'absolu. C'est l'aimer trop et c'est l'aimer mal.

Le jour où il s'apercevra que la musique n'a

---

(1) « Quand j'avais 21 ans, j'étais peut-être le seul être humain en Allemagne qui associât ces deux-là, Richard Wagner et Schopenhauer, dans un enthousiasme unique ». T. XIV, p. 375.

absolument rien à voir avec la vérité philosophique, comme « intellectuel » avant tout, il estimera toujours cette vérité par-dessus tout, il adviendra qu'il conçoive à l'égard de la musique, maîtresse qui ne l'a trompé que parce qu'il la prenait pour ce qu'elle n'était pas, un dédain irrité qui ne sera guère plus sage.

En ce qui concerne Wagner : à quinze ans, il a fait ses délices de *Tristan* et du vertige unique que cette musique porte en elle. Mais, même en son adolescence, il n'a pas été « wagnérien »; je veux dire que les dangereuses voluptés de la musique wagnérienne ne l'ont pas rendu insensible à la beauté classique. De là son opinion sur la musique pure qu'il tient pour la véritable musique. Si troublée que soit la lucidité de cette opinion par sa croyance à une signification métaphysique de la musique, elle ne le met pas moins en contradiction latente avec Wagner qui a amplifié jusqu'à des proportions colossales, non rêvées par ses prédécesseurs, l'être de la musique, mais au prix de le soutenir et de l'étayer de toutes parts sur un énorme édifice dramatique, scénique et décoratif.

Mais ce mélange d'enthousiasme avoué et de malentendu secret qui définit, en cet instant de sa carrière, la situation intellectuelle de Nietzsche à l'égard de l'art wagnérien s'explique par une cause plus générale.

Nietzsche est pessimiste. Il a pu tout d'abord chercher dans la métaphysique de Schopenhauer la justification de son pessimisme. Mais celui-ci survivra au prestige de la doctrine du maître, parce qu'il est natif, parce qu'il est le trait profond et permanent de la pensée de Nietzsche, celui qui domine toutes les phases de son développement. Nietzsche n'est pas pessimiste par amertume et désolation personnelle, comme Léopardi. Il l'est en artiste et en philosophe. Il est, à vrai dire, anti-optimiste. Il a le dégoût de l'optimisme, qui lui apparaît dans la civilisation moderne sous les trois formes du libéralisme, du démocratisme ou socialisme et de la foi au progrès universel et en tous genres par le fait du progrès spécial des sciences. Outre que ces trois religions sont des mystifications que l'avenir dévoilera cruellement, elles produisent comme fruits immédiats la platitude des mœurs et l'abaissement du type humain. En ceci Nietzsche sent comme Carlyle, comme Ruskin.

L'optimisme moderne n'est, selon Nietzsche, que l'épanouissement extrême d'une tradition qui a plus de deux mille ans, et qui remonte à Socrate. Socrate est le père de l'optimisme en ce qu'il a créé par son exemple et son enseignement le type de « l'homme théorique ». Il a persuadé aux hommes que la réalité universelle est intelligible et logique, d'où il s'ensuit que la connaissance humaine s'y peut égaler : comment l'homme ne trouverait-il pas dans une connaissance intégrale qui lui explique et toutes choses et lui-même, une suprême satisfaction, l'apaisement de tous ses vœux? Enfin si la science enveloppe tout, elle doit montrer la voie de l'action sage et rationnelle et ménager l'accord nécessaire du bonheur avec la vertu. Ces illusions, ajoute Nietzsche, étaient nécessaires pour stimuler la jeune humanité au labeur scientifique dont elles lui promettaient un trop haut prix. Mais elles coupèrent les ailes à l'enthous'asme esthétique en réduisant la création d'art à un jeu frivole. Du moment que le mystère divin de l'univers pouvait être représenté par un système de concepts clairs, l'inspiration de l'artiste n'en pouvait plus passer pour la communication et l'expression. En outre l'« homme théorique », persuadé que la science fournira des recettes pour assurer le bonheur des destinées humaines individuelles ou collectives, perd la grande bravoure, l'amour du danger entretenus chez les anciens Grecs par le sentiment de quelque chose d'absurde et d'effrayant dans le rapport de l'humanité avec l'univers. Le rationalisme optimiste de Socrate, inspirateur d'Euripide, tua l'esprit tragique des Grecs et l'on peut dire que ce rationalisme a régné jusqu'à Kant sur l'esprit

européen. Kant a dissipé à tout jamais l'illusion
« théorique », en démontrant la relativité de la
science et l'étroitesse de son légitime domaine,
hors duquel se déploie le désert infini livré aux
coups de génie de la création esthétique et de la
création morale. Il a brisé les bornes qui enser-
raient les instincts créateurs de l'humanité.

Dans l'essor inouï de l'art musical depuis le
milieu du xviiie siècle, Nietzsche salue la réap-
parition positive des grands instincts créateurs,
de l'exaltation dionysiaque :

La musique en tant qu'art universel, sans nationa-
lité, hors du temps est, parmi les arts, le seul floris-
sant. Elle représente pour nous l'art tout entier et le
monde esthétique. C'est pourquoi elle est rédemptrice (1).

Entendons qu'elle nous rachète du joug d'une
civilisation optimiste et philistine dont la science
et la morale, considérées comme des valeurs
absolues, limitent l'horizon et qui attend de
l'une et de l'autre la réalisation d'un ignomi-

(1) T. IX, p. 244

nieux idéal de sécurité ! Cette civilisation, Nietzsche parle de « son puissant combat contre l'esprit de la musique (1) ». Il loue Richard Wagner d'en avoir dit « que ses effets sont abolis par la musique comme la clarté produite par la lueur d'une lampe est annihilée par la lumière du jour (2) ».

On se tromperait très gravement sur la pensée de Nietzsche, si l'on croyait qu'une régression de l'esprit scientifique et un ralentissement du labeur scientifique sont dans ses vœux. Il demande que la science ne soit plus une idole, qu'elle ne soit plus la maîtresse, mais la servante de l'homme redressant sa stature par-dessus l'amas de notions et d'imprimés qui l'étouffe. Le problème, pour l'homme moderne, c'est d'accorder avec sa complexité intellectuelle et son raffinement critique acquis la puissance et la fraîcheur originelle des instincts esthéti-

(1) T. IX, p. 232.
(2) *Naissance de la Tragédie*, p. 54.

ques, lesquels, on le sait, dérivent tous de l'instinct musical :

La musique (moderne) devra s'élever à une puissance infiniment supérieure [à la musique des Grecs] parce qu'elle a à triompher d'un monde de la connaissance beaucoup plus étendu. La science et la musique nous font pressentir une renaissance allemande du monde hellénique : nous voulons nous y consacrer (1).

On peut comprendre maintenant le sens de la question de forme bizarre à laquelle aboutit dans *la Naissance de la Tragédie* la critique du rationalisme optimiste : « Verrons-nous désormais, demande Nietzsche, *Socrate s'exerçant à la musique?* »

Cette renaissance par la musique sera l'œuvre de l'âme allemande. Comme Fichte, bien qu'en un sens différent, Nietzsche ne voit, dans le peuple allemand, que le monde latin dit barbare parce qu'il est resté étranger à la civilisation optimiste, artificielle, le dépositaire intégral des forces natives de l'humanité.

(1) T. IX, p. 233.

Comme la musique de Wagner s'était profondément emparée de la sensibilité de Nietzsche, comme elle était ce qui se produisait dans l'art européen de plus audacieux, et de plus puissant, comme enfin il faut à une jeunesse riche d'enthousiasmes des objets en lesquels elle puisse les incarner, Nietzsche pense trouver dans l'œuvre wagnérienne, sinon certes la consommation de ses espérances en une renaissance générale de la civilisation, du moins la préface immédiate de cette consommation.

Nous dirons donc de la relation de Nietzsche à Wagner ce que nous avons dit de sa relation à la musique : que, quelle que soit la valeur de son idéal et de son rêve de Renaissance moderne, il prête à l'entreprise et à l'œuvre de Wagner la figure même de cet idéal et de ce rêve.

Identification imprudente. Car l'esprit complexe de Nietzsche nourrit en même temps que cette croyance en Wagner des ferments d'hérésie mortels pour elle. Mais, en 1871, il est un disciple plein d'abnégation, qui ne peut livrer au public la moindre idée sans se demander si elle ne déplaira point à Wagner ou n'a point quelque conséquence lointaine dont on puisse abuser contre Wagner. Même à part lui, sans doute, il n'aime pas beaucoup creuser ses propres scrupules ni s'en avouer toute la portée.

CHAPITRE VIII

NIETZSCHE DÉSENCHANTÉ DE L'ART WAGNÉRIEN

Le désenchantement se produisit au cours des années 1872 et 1873. En 1874, qui est la trentième année de Nietzsche, il était consommé. Nietzsche ayant publié en 1876, pour l'inauguration du théâtre de Bayreuth, l'écrit apologétique devenu célèbre : *Richard Wagner à Bayreuth*, on croit assez communément que le travail d'esprit, qui allait aboutir à faire de lui une dizaine d'années plus tard le détracteur virulent de l'art wagnérien, fut postérieur à cette date. Mais c'est ici l'épisode le plus significatif de cette vie intellectuelle multiple et tourmentée. Au moment où il composait cet écrit qui est, en apparence, une célébration enthou-

siaste, il avait secrètement confié au papier la
critique la plus négative, la plus corrosive de
l'œuvre de Wagner. Nous possédons aujourd'hui
la totalité de ses notes de 1874. Mais une
grande partie de ce qu'elles dévoilent était lisi-
ble entre les lignes de *Richard Wagner à
Bayreuth*.

Cette désillusion, dont nous allons relever
les témoignages les plus significatifs, n'eut pas
le caractère d'une crise. Nietzsche s'enhardit à
prendre conscience du jugement que certaines
de ses idées esthétiques les plus chères et les
plus méditées contenaient implicitement sur l'art
de Wagner, comme aussi à tenir compte de
bien des impressions équivoques ou pénibles que,
parmi tant d'enchantements, la musique de
Wagner lui avait causées. Ces idées anti-wagné-
riennes, sinon formellement, du moins en puissance, sont surtout celles qui concernent d'une
part l'autonomie de la musique, d'autre part le
rapport des trois formes de l'expression dans le
drame musical.

I. — Nietzsche s'aperçoit, en effet, que ce n'est pas seulement en pratique, mais théoriquement, que Wagner traite la musique en art subordonné.

Wagner signale comme l'erreur propre au genre de l'opéra qu'on y ait fait de la musique, qui est un moyen d'expression, le but, et réciproquement, de ce qui est le but de l'expression, un moyen. Ainsi la musique passe à ses yeux pour moyen d'expression (1)... Il y a donc lieu de demander à l'audition d'une symphonie: si la musique est ici moyen d'expression, quel est le but? Celui-ci ne peut résider dans la musique; ce qui est, par son essence même, moyen d'expression, doit se rapporter à quelque chose qu'il ait à exprimer. Wagner répond : c'est le drame. Faute de celui-ci, il tient la musique pour un monstre : ce qui suggère cette question : « A quoi rime alors le bruit (2)? »

Et Nietzsche saisit très opportunément l'occasion d'une remarque que nous lui reprochions

(1) Entendons : moyen d'exprimer des images, des sentiments définis ou des idées.
(2) T. X, p. 437.

d'avoir omise ailleurs à propos de la Neuvième Symphonie.

Wagner, en conséquence de cette opinion, tenait la Neuvième Symphonie pour être proprement le haut fait de Beethoven, parce que par l'addition de paroles, il donna à la musique la signification, qui est la sienne, de moyen d'expression.

Hérésie à laquelle Nietzsche oppose cette profession de foi :

La musique absolue est la musique légitime, et la musique du drame doit être elle aussi musique absolue.

2. — De ses méditations profondes sur l'association des trois formes d'expression dans le drame, Nietzsche déduit, en ce qui concerne la constitution du drame wagnérien, une théorie dont on peut dire qu'elle demeurera, jusqu'à la fin, le centre de toute sa critique de Wagner. On se rappelle qu'après avoir énuméré les difficultés insurmontables qui semblent s'opposer à une réalisation harmonieuse et logique de cette association, Nietzsche conçoit l'hypothèse « d'un acteur qui serait en même temps musicien et

poète », c'est-à-dire musicien et poète secon-
dairement, et acteur avant tout. Ce génie d'acteur n'est certes pas celui qui résoudra un
monde de hauts et délicats problèmes esthétique ; mais il passera, pour ainsi dire, par-dessus.
Uniquement soucieux d'exercer sur le public
l'action la plus forte et la plus saisissante, la
moindre de ses préoccupations sera d'observer
la pureté et les lois propres des formes d'expression dont il se sert ; il les subordonnera violemment à son démon, il usera de tous les moyens,
de tous les procédés, de tous les styles. Il com-
pensera par l'accumulation et la prodigalité des
moyens la défectuosité et, au besoin, la grossièreté de chaque moyen ; ce qui sera vraiment sien,
ce sera l'audace du mélange et sa vertu capiteuse.
Grand artiste, original et unique par l'ensemble
et le jet de la construction, il en empruntera
sans règle tous les éléments au passé, les alté-
rant et les faussant autant qu'il est nécessaire,
pour les faire conspirer à un effet esthétique
souvent injurieux à leur véritable nature.

Wagner est un acteur déclassé.Il a surtout recours à la musique. Il se comporte à l'égard de la musique comme un acteur (1).

La musique ne vaut pas grand'chose, la poésie non plus, le drame non plus ; l'art théâtral n'est souvent que rhétorique — mais le tout vu en grand est un et à une même hauteur (2).

Caractérisant en termes généraux, mais très nettement appliqués à Wagner, les ressources que le génie acteur emprunte aux divers arts et la manière dont il les combine, Nietzsche se résume ainsi :

Il utilise le geste, le discours, la mélodie du discours et par là-dessus les symboles reconnus que lui fournit l'expression musicale. Il faut qu'il ait à sa disposition une musique parvenue à une extrême richesse de développement, dans laquelle d'innombrables émotions possèdent une forme d'expression déterminée, reconnaissable et habituelle.Par ces citations musicales l'artiste rappelle au souvenir de l'auditeur un état émotionnel défini, auquel l'acteur veut être cru en proie. De cette façon, la musique est réellement devenue « moyen de l'expression » ; c'est

(1) T. X, p. 431.
(2) *Ibid.*, p. 430.

pourquoi elle demeure à un niveau esthétique infé-
rieur, car elle n'est plus organique. Il est vrai que
le maître musicien aura toujours la ressource d'en-
trelacer de la manière la plus artistique les symboles
qu'il emprunte : mais parce que le plan et le véritable
lien de l'ensemble sont pris au delà et en dehors de
la musique, celle-ci ne peut pas être organique. Cependant il serait injuste d'en faire un reproche à
l'auteur dramatique. Il lui est permis d'utiliser au
profit du drame la musique comme moyen, ainsi
qu'il fait de la peinture. Une telle musique, prise en
soi, est comparable à la peinture allégorique : le sens
proprement dit ne réside pas dans l'image, c'est pourquoi ce peut être très beau (1).

3. — Si la « faculté maîtresse » de Wagner,
c'est le tempérament d'acteur à un extraordinaire
degré de puissance, il faut que ce tempérament,
pour créer une œuvre d'art, ait eu à son service une multiplicité pour ainsi dire illimitée
de dons. Cette multiplicité distingue Wagner, à
son désavantage, du type des grands créateurs.

Son génie est une forêt en croissance, non pas un
arbre unique (2).

(1) T. X, p. 440.
(2) T. X, p. 431.

La jeunesse de Wagner est celle d'un dilettante universel dont il ne veut advenir rien de bon (1).

Multiple, protéiforme est également la nature de son inspiration musicale, parce que l'acteur n'est pas une personnalité, mais cent.

Il peut pour ainsi dire parler le langage d'âmes de musiciens différentes et créer des mondes tout à fait divers (*Tristan, les Maîtres-Chanteurs*) (2).

Nous ne ferons que prolonger la pensée de Nietzsche en observant que cette multiplicité ne distingue pas seulement la poétique musicale de Wagner, mais son style et sa technique. Tous les grands maîtres se sont créé progressivement une manière ; et quelle que soit entre les œuvres de leur début et celles de leur maturité la différence de richesse et de maîtrise, elles ont une physionomie commune. Que l'auteur de *Rienzi* soit aussi celui de *Tristan*, il y a là un phénomène unique dans l'histoire de l'art. En adoptant impétueusement au début de sa carrière

(1) T. X, p. 444.
(2) *Ibid.*, p. 431.

une forme rude et brutale qui combine superficiellement Spontini, Bellini, Meyerbeer, Weber, et où il n'y a à remarquer qu'une certaine chaleur de mouvement, Wagner n'a-t-il pas prouvé n'avoir aucune conviction, aucune tradition musicale native? Du moins Nietzsche doit-il l'avoir senti ainsi pour oser écrire :

Aucun de nos grands musiciens n'était encore à 28 ans un aussi mauvais musicien que Wagner.

Pensée qui fait immédiatement suite à celle-ci :

J'ai souvent conçu ce doute insensé : Wagner a-t-il le don musical (1)?

Schumann, après la représentation de *Tannhäuser*, écrivait sous une impression analogue :

Un opéra dont on ne peut parler brièvement. Assurément il y a là une touche géniale. Si l'auteur était un musicien aussi mélodieux qu'il est intelligent, il serait l'homme de l'époque (2).

4. — Il résulte de ces caractéristiques que

(1) T. X, p. 444.
(2) *Gesammelte Schriften über Musik und Musiker*, t. III, 7 août 1847.

Nietzsche exclut nettement Wagner de la lignée des Bach, des Beethoven, des Mozart, des Schumann, créateurs successifs du domaine de la musique, pour faire de lui l'exploiteur de toutes les formes musicales du passé à la fois. Son coup d'audace et sa nouveauté, ç'a été de les adapter à un usage pour ainsi dire extra-musical, de verser la musique, toute la musique, comme un ingrédient, et le plus capiteux, dans une sorte de philtre esthétique dont la qualité n'émouvait pas ses scrupules, pourvu que la foule contemporaine en fût enivrée. Par là il scandalisa, dès son apparition, tous les musiciens nourris dans une tradition dont on peut dire qu'elle fut commune aux classiques et aux romantiques : car si Schumann, Chopin ont assoupli, nuancé, raffiné les formes constitutives de la musique, ils ne les ont pas brisées.

Aucune piété n'accueille Wagner, le vrai musicien le considère comme un intrus, comme illégitime (1).

5. — Outre la torture infligée au langage musi-

(1) T. X, p. 445.

cal par la destination générale qu'il lui assigne, Wagner lui fait encore violence par la qualité ou plutôt par le mode des sentiments à l'expression desquels il l'asservit. Et là encore se manifeste l'acteur qu'il était, d'après Nietzsche, jusqu'aux dernières fibres.

L'excès et le dérèglement, voilà bien ce qui passait à ses yeux pour la nature.

Comme acteur, il ne voulait imiter l'homme que dans sa manifestation la plus agissante et la plus palpable, au paroxysme de la passion. Car sa nature extrême voyait dans tous les autres états faiblesse et fausseté. La peinture de l'émotion offre pour l'artiste un danger extraordinaire. Enivrer, saisir les sens, produire l'extase, surprendre violemment, remuer la sensibilité à tout prix — effrayantes tendances !

Dans *Tannhäuser*, il cherche à motiver chez un individu une série d'états extatiques : il paraît penser que c'est dans ces états que l'homme naturel commence à se montrer.

Contraindre la musique au service de la violence naturaliste de la passion, c'est la dissoudre, la bouleverser et la rendre incapable pour l'avenir de résoudre le problème [de son association harmonique avec la poésie et la danse].

Il y a des excès du genre le plus suspect dans *Tristan*, par exemple les explosions à la fin du second acte (1). Il y a manque de mesure dans la scène des coups de bâton des *Maîtres-Chanteurs*. Wagner sent qu'il a, en ce qui regarde la forme, toute la grossièreté de l'Allemand et il aimemieux combattre sous la bannière de Hans Sachs que sous celle des Français ou des Grecs. Notre musique allemande (Mozart, Beethoven) s'est incorporé aussi bien la forme italienne que la chanson populaire, et c'est pourquoi, avec l'organisme riche et délicat de ses lignes, elle ne correspond plus à la lourdeur rustico-bourgeoise (2).

Aurons-nous su faire apercevoir, sous le décousu apparent de ces notes de 1874, la forte unité de l'idée critique? Toute la substance du *Cas Wagner* est déjà dans ces notes. La différence est dans l'accent. Ici Nietzsche s'avoue froidement à lui-même ce qu'il sent dans l'œuvre d'un maître dont il est encore l'ami et qui a lieu de compter sur son dévouement public. Quand il écrivit *le Cas Wagner*, il en était venu

(1) C'est un lapsus. Nietzsche veut dire : à la fin de la seconde scène du second acte.

(2) T. X, pp. 432 et suiv.

à prendre en haine aussi bien les plaisirs que les impressions pénibles qu'il éprouvait de la musique wagnérienne.

Toutefois il y a aussi entre cette première critique fragmentaire et le virulent écrit une différence de fond.

Si Nietzsche oppose à la musique wagnérienne toute la tradition musicale, à l'usage ou à l'abus wagnérien de la musique la musique elle-même, il n'est pas encore parvenu à se définir avec la forte précision esthétique qu'il atteindra plus tard les lois constitutives de celles-ci. Il sent de plus en plus finement le beau et le laid. Il n'a pas encore une doctrine sur les conditions objectives nécessaires et immuables de la beauté en musique. L'influence, bien affaiblie, mais non disparue, de la métaphysique schopenhauérienne qui ne va pas à moins qu'à ôter à l'art musical son caractère de création, qui tend à mettre le tout de l'art dans l'émotion et à nier la forme, l'empêche encore d'asseoir ses idées d'esthétique musicale sur le véritable fondement.

CHAPITRE IX

L'APOLOGIE DE WAGNER DANS « RICHARD WAGNER A BAYREUTH »

Les raisons sentimentales expliquent en partie que Nietzsche, désenchanté au point où nous venons de le voir, de l'art wagnérien, en ait composé, deux ans plus tard, une apologie dont Wagner pouvait lui écrire : « Ami ! votre livre est colossal (1)! »

L'histoire des sentiments personnels de Nietzsche à l'égard de Wagner, depuis l'aube de leur amitié jusqu'au refroidissement et à la rupture, a été écrite dans tout le détail et avec toute la pénétration désirables par Mme Förster-Nietzsche. Elle n'appartient pas à notre sujet, qui se

(1) E. Förster-Nietzsche : *Das Leben Friedrich Nietzsche's*, t. II, p. 242.

restreint à l'investigation des idées. Il suffira, pour montrer l'étendue de la dette intellectuelle que Nietzsche s'était un moment sentie, et qu'au fond il continuera de se sentir vis-à-vis de Wagner, mais en l'expliquant d'une autre façon, de citer ces fragments de sa correspondance avec son ami Rohde :

Tu m'as causé une grande joie qui m'a été au cœur par la lettre que tu as envoyée à Wagner. Nous n'avons en définitive, pour ce que nous voulons de meilleur et de plus noble, aucun autre patron ; aussi a-t-il droit à l'offrande de tout ce qui pousse sur notre propre champ. Si quelque chose me manque péniblement, c'est, et pour cette raison même, ta présence : nous devrions toujours ensemble chercher en lui notre édification et progresser dans la connaissance de ses œuvres (1).

Dans une autre lettre au même, parlant avec une extrême ardeur, mais d'ailleurs avec toute l'indétermination d'un jeune romantique, des grandes fins qu'il assigne à ses efforts, à sa vie, il ajoute :

(1) E. Förster-Nietzsche : *Das Leben Friedrich Nietzsche's*, t. II, p. 205.

Pour le jugement d'un spectateur tel que Wagner j'abandonnerais volontiers toutes les couronnes que le présent peut distribuer; le désir de le satisfaire m'excite et m'exalte plus qu'aucune puissance au monde.

On conçoit très bien que Nietzsche, au moment où il était donné enfin à Wagner de produire son œuvre devant l'Europe dans les bonnes conditions de présentation et d'exécution qui lui avaient cruellement fait défaut jusque-là, se soit senti le devoir de se remettre dans l'état d'esprit enthousiaste qu'il avait traversé. Mais sa pensée avait été si loin dans le sens contraire, sa secrète critique avait si radicalement flétri l'objet de sa piété qu'on se demande comment il y a pu réussir. Quand on compare les notes de 1874 au ton de certaines pages de *Richard Wagner à Bayreuth*, cette véhémence dans la palinodie déconcerte. On se dit qu'il y a quelque énigme.

Cette énigme, Nietzsche lui-même en proposait douze ans plus tard une solution assez brutale :

Un psychologue aurait le droit de dire que ce que mes jeunes années entendaient dans la musique de Wagner n'a rien absolument à voir avec Wagner; que, lorsque je décrivais la musique dionysiaque, je décrivais ce que j'avais, moi, entendu; que je traduisais et transfigurais tout dans le sens du nouvel esprit que je portais en moi. La preuve (aussi forte qu'une preuve peut l'être) en est mon écrit *Wagner à Bayreuth;* à tous les passages qui sont décisifs quant à la signification psychologique, il n'est question que de moi, — on peut sans réserve substituer mon nom ou le mot « Zarathustra », là où le texte porte le mot Wagner. Le portrait tout entier de l'artiste dithyrambique est le portrait du poète en moi préexistant du Zarathustra, dessiné avec une profondeur radicale et sans effleurer un seul instant la réalité wagnérienne. Wagner lui-même en eut l'idée; il ne se reconnut pas (1). De même la « Pensée de Bayreuth » s'était transformée en quelque chose qui

(1) **Assertion** peu compatible avec une lettre déjà citée, où Wagner, en réponse à l'envoi de l'écrit de Nietzsche, lui demande : « Mais d'où tirez-vous donc cette expérience de ce que je suis ? » (Förster-Nietzsche, II, p. 242.) Nietzsche lui-même, deux ans après la composition de *Wagner à Bayreuth,* s'expliquait tout autrement sur le rapport du portrait au modèle : « Mon portrait de Wagner n'est décidément pas individuel; beaucoup dirent que ce portrait était le vrai. Parmi les effets puissants que produisent de telles natures, c'en est un que de tromper le peintre... » (t. XI, § 381).

(2) **Förster-Nietzsche**, II, p.253.

ne sera pas pour ceux qui ont pénétré mon *Zarathustra* une conception énigmatique : je veux dire ce *grand midi*, qui voit les élus d'entre les élus se consacrer à la plus grande de toutes les tâches... Qui sait? C'était la vision d'une fête qu'il pourrait encore m'être donné de voir.

Assurément il y a dans *Richard Wagner à Bayreuth* bien des pages et un accent général inspirés par la sorte d'exaltation qui atteindra son comble dans le *Zarathustra*. Mais Nietzsche, à distance de son écrit, le simplifie trop. Le tissu en est beaucoup plus complexe. On y trouve un portrait de Wagner et une analyse de son art dont bien des parties ne diffèrent des terribles critiques que nous connaissons qu'en ce que l'auteur tourne à fin de louange ce dont il faisait naguère un motif de dépréciation. Des manières de penser et de sentir y sont admirativement prêtées à Wagner que Zarathustra eût désavouées avec dégoût. Des théories y sont professées sur la musique en général, contre une partie desquelles Nietzsche lui-même va bientôt exercer dans *Humain trop Humain* sa plus âpre satire. La rencontre aventureuse de tous ces éléments et de bien d'autres fait de *Richard Wagner à Bayreuth* un des écrits de Nietzsche les plus importants pour celui qui s'intéresse à son histoire intellectuelle, mais au contraire l'un des plus rebutants à lire (en dépit, faut-il le dire? de bien des beautés) pour celui qui, cherchant dans la lecture instruction et plaisir, supporte mal les esprits, même géniaux, insuffisamment sûrs de ce qu'ils pensent et de ce qu'ils sentent.

Je voudrais faire un départ rapide des divers éléments qui se mêlent et luttent dans la pensée de Nietzsche au moment où il a écrit cet ouvrage qui fut un acte.

I

Bien que cette étude se restreigne à l'esthétique, il y a lieu, pour ne pas mutiler le sujet, de dire un mot sommaire de l'état d'esprit auquel ou du moins à l'aube duquel Nietzsche lui-même rapportait (trop exclusivement) l'inspiration du *Richard Wagner* et qu'il désigne de la façon la plus nette, en y attachant le nom de Zarathustra. Cet état d'esprit n'est pas tout Nietzsche. Il en est, si l'on veut, la moitié. Il est l'impénitente moitié romantique, fanatique et barbare de cet amant du classicisme, de la Grèce, de la Renaissance et de la Méditerranée.

Comme philosophe, comme artiste, Nietzsche est avant tout un critique, très puissant, très aigu, de la civilisation moderne. Au début, il rattache cette critique à des spéculations métaphysico-esthétiques à demi d'emprunt. Mais on sent bien qu'elle est excitée et approvisionnée d'informations extraordinairement pénétrantes par son tact de psychologue et sa sensibilité morale merveilleusement susceptible. La valeur d'une civilisation se juge par la qualité du type humain dans l'élite. Or, de bonne heure, Nietzsche a été averti par des impressions délicates et douloureuses de tares profondes dans l'intelligence et la sensibilité de l'élite moderne : désenchantement de Schopenhauer, de Wagner, des penseurs, des savants et des artistes qui portent la marque du XIXᵉ siècle. Ç'a été là le *primum movens* et le centre des réflexions et des analyses portées par ce puissant esprit dans toutes les directions de la psychologie, de l'esthétique et de l'histoire.

En tant qu'elle suit ce dessein et que l'ardeur de sensibilité personnelle du critique ne sert qu'à faire de ses observations des flèches qui s'enfoncent dans l'objet observé, l'œuvre de Nietzsche est une des plus dignes de méditation du XIXᵉ siècle. Nulle ne fait plus penser.

Malheureusement, tandis qu'il scrute et juge son époque et qu'il découvre (pour son compte au moins) dans cette expérience particulière de l'histoire tant de lois générales de la nature humaine et de la civilisation. Frédéric Nietzsche occupe excessivement l'esprit de Frédéric Nietzsche. Ses grandes clairvoyances, il les a acquises par des désillusions pénibles assurément; mais la joie de comprendre pouvait en adoucir l'amertume, et, après tout, est-ce un lot si rare que

d'acquérir quelque sagesse au prix de défaites
et de cuissons personnelles ? En tout cas, l'histoire de son esprit et de sa personnalité intime
ne devrait pas le fasciner au point qu'on se
demande s'il est attaché aux vérités dont il
croit s'être rendu maître, comme vérités, ou
comme épisodes d'une destinée intellectuelle
tragique. Et c'est sur un ton à suggérer toujours
ce doute que parle, pour dire souvent des choses
précieuses, Zarathustra. Or on ne discerne pas
dans l'évolution philosophique de Nietzsche
d'autre tragédie que celle précisément d'avoir
été imaginée par lui comme tragique. Et il y a
là, pour ainsi dire, un coefficient d'hallucina-
tion. La hantise de sa propre individualité n'asservit pas, ne fausse pas l'intelligence de Nietzsche (en quoi il s'oppose radicalement à Rousseau et aux romantiques), mais elle mêle parfois
à l'expression de ses idées les plus justes une
crispation qui en altère certainement la vérité.
Veritas in dicto, non in re, a dit Hobbes. C'est
excessif. Mais la façon de dire peut ôter bien de

la valeur à ce qu'on dit. La mesure fait partie de la vérité.

En outre, un fond de fièvre fanatique, d'âpreté religieuse bien étrange chez un homme qui voulait restaurer la conception grecque de la vie. Epris de l'idéal antique de l'honnête homme maître de soi, du philosophe athlète et musicien, du héros grec à la langue subtile, adorateur de la Renaissance, des humanistes, des tyrans italiens et des princes de l'Eglise amis de la beauté, contempteur de la Réforme, il parlera du mouvement d'idées qui va le conduire à ces points de vue comme on raconterait le voyage à Pathmos; pour guérir les plaies des âmes modernes (plaies chrétiennes, selon lui), pour leur rendre une floraison de vigueur et d'amour ingénu pour la vie, il ira les invectivant, les aiguillonnant avec la fureur sacrée d'un prédicant de « régénération » et de « salut ».

Contradiction radicale entre la qualité de la sensibilité et la nature des idées, survivance de l'attitude individuelle romantique dans la glorification des principes classiques, frénésie mystique dans l'impiété païenne, voilà, je crois, de quoi se compose l'état d'esprit de Zarathustra, ce qui détermine son ton et son allure. Pour moi, j'avoue goûter Nietzsche et en tirer profit dans la mesure où ses pages ne grimacent pas de cette manie, de ce tic romantico-apocalyptique. Il en a écrit infiniment qui en sont tout à fait pures. Mais il est certain que *Richard Wagner à Bayreuth* est conçu dans ce sentiment et dans cette manière, et c'est, je le répète, ce qui, à mon goût, en rend l'ensemble fort pénible.

Nietzsche y fait de Wagner un rénovateur de toute culture. C'était de lui-même, a-t-il dit plus tard, qu'il voulait parler. C'est en réalité de Wagner et de lui tout à la fois. L'ouvrage contient à l'égard de la culture scientifique et esthétique modernes des morceaux de critique qui s'ajoutent aux meilleures pages du *David Strauss*, du *Schopenhauer éducateur*. Mais on dirait toujours que le héros mal déterminé au nom duquel

Nietzsche annonce ce renouveau universel monte au Golgotha.

Cela dit en ce qui concerne l'inspiration générale et, en quelque sorte, la sphère aventureuse dans laquelle l'œuvre a été pensée, rendons-nous compte de ce qui concerne particulièrement l'art wagnérien et la musique.

II

C'est un cas très curieux de psychologie littéraire de voir Nietzsche utiliser pour la glorification de Wagner les caractéristiques qu'il lui appliquait à part lui dans un esprit de dépréciation.

L'idée dominante de ses notes de 1874, c'est que Wagner n'est pas né musicien, que le beau musical n'est nullement le but de son labeur musical; qu'il n'a pas de piété pour la musique, mais s'est jeté sur elle comme sur un moyen et l'a broyée pour s'en servir; qu'il n'a pas de piété pour l'art en général; qu'il n'est artiste grand et sincère en aucun genre, mais que c'est un acteur aussi ambitieux que puissant, possédé de la rage de dominer et de fasciner son époque et qui a trouvé dans une forme de théâtre qui accumule toutes les puissances d'action du théâtre, un merveilleux instrument de la tyrannie qu'il rêve d'exercer sur l'esprit et la sensibilité des foules modernes.

Or, tous ces traits, on les retrouve dans *Richard Wagner à Bayreuth*, mais atténués ou transfigurés et accompagnés de touches embellissantes, peu compatibles avec eux, peut-être moins énergiques.

On se rappelle ce que Nietzsche écrivait pour lui-même de la nature protéiforme et du « dilettantisme » natif de Wagner :

La jeunesse de Wagner est celle d'un dilettante universel dont il ne veut advenir rien de bon :

Pour le public il s'exprimait ainsi :

Il y eut une partie de la vie de Wagner, son enfance et sa jeunesse, dont on ne peut sortir sans rencontrer des énigmes. Rien encore ne semble l'annon-

cer lui-même; et ce qu'on pourrait peut-être aujour-
d'hui comprendre rétrospectivement comme des pré-
sages, apparaît d'abord comme une juxtaposition d'ap-
titudes plus propre à inspirer de l'inquiétude que des
espérances : un esprit d'agitation, d'irritabilité, une
hâte nerveuse à se saisir de mille choses, un plaisir
passionné à des états d'âme surexaltés, presque ma-
ladifs, des sautes brusques d'une paix toute pleine
d'âme à des dispositions violentes et tumultueuses. Le
foyer paternel ne lui offrait aucune tradition, aucune
discipline d'art : la peinture, la poésie, l'art du comé-
dien le sollicitaient tout autant que l'éducation et la
carrière du savant ; celui qui l'observait superficiellement pouvait le croire né pour le dilettantisme (1).

Nietzsche, même au temps de *la Naissance
de la Tragédie*, contestait (*in petto*) à Wagner
la « naïveté », entendons la naïveté d'un Raphaël, d'un Corrège, d'un Mozart, que les riches
spectacles de la vie enchantent par eux-mêmes,
non pas en vertu de tel rapport moral, philosophique ou religieux, et dont les conceptions
n'obéissent absolument à d'autre attrait, à
d'autre cause finale, pourrait-on dire, que le

(1) *Richard Wagner in Bayreuth*, p. 502.

charme et la beauté. Ce n'est pas précisément démentir cette assertion, mais plutôt la tempérer justement, que de reconnaître à Wagner, comme il le fait maintenant, une naïveté acquise et tardive. C'est le lot, ajoute Nietzsche, de tous les artistes modernes, que la complexité et le tumulte tyrannique des impressions et des notions de la vie moderne disputent trop longtemps et de trop de manières à l'ingénuité de la sensation et du sentiment, que le bruit de trop de voix empêche en quelque sorte d'écouter « leurs voix ». La théorie est exprimée avec force (1). Nous ne la croyons point vraie. Ce manque de fraîcheur qui caractérise la plupart des créations de l'art du XIXᵉ siècle, ce « fard » que Carlyle trouvait à presque toute la littérature européenne depuis Rousseau, tient bien à un défaut de naïveté. Ce défaut lui-même a, nous semble-t-il, une cause non extérieure, mais intérieure : l'obsession du moi, l'orgueil individualiste. De ce point de vue, nos griefs contre

(1) *Richard Wagner in Bayreuth*, p. 5o3.

les choses, nos exigences à leur égard sont infinis et nous ne nous en désempêtrerons jamais. Nulle disposition n'est plus ennemie de la vision séduite et sans arrière-pensées de l'artiste. Nous rectifierions en ce sens l'explication que Nietzsche donne du manque de naïveté des artistes modernes et de la flétrissure qui en peut résulter pour l'art. Cette réserve n'ôte rien à la justesse psychologique de son observation et l'on goûtera plus que de la justesse, des trésors de discernement, dans ces trois lignes :

Le type étonnamment sévère de l'adolescent, le Siegfried de l'Anneau des Nibelungen, seul, un homme pouvait l'engendrer et, à la vérité, un homme qui a trouvé tard sa propre jeunesse (1).

Le personnage de Siegfried, reconstitution nostalgique d'une jeunesse que l'âme n'a pas connue, et non pas souvenir direct et naïf des sensations de l'adolescence, que cela est finement vu ! Non ! Siegfried lui-même n'est pas homérique !

(1) *Richard Wagner in Bayrenth*, p. 5o3.

Nietzsche, apologiste, ne cache pas précisément, mais atténue ou plutôt transpose ce qu'il
pense au fond, de cette ambition effrénée de
domination que l'art a été pour Wagner un
moyen de satisfaire. Dans ses notes de 1874,
comme aussi dans des notes prises pour la composition même de *Richard Wagner à Bayreuth*, il lui attribue tous les caractères des
tyrans.

La « fausse toute-puissance » développe chez
Wagner la nature tyrannique...

[Il a] le sentiment d'être sans héritiers... Le tyran
ne veut qu'on reconnaisse de mérite à aucune autre
individualité que la sienne et celle de ses intimes (1)...

Il y a chez Wagner des penchants dangereux : le
goût du démesuré..... le penchant à la pompe et au
luxe.... la jalousie..... de la ruse et de l'art pour
donner le change..... avoir toujours raison (2)..... —
La nature de Wagner est de dominer ; alors seulement il est dans son élément, alors seulement il est
sûr de lui, modéré et ferme ; les entraves mises à cet
instinct le rendent outrancier, excentrique, intraita-

(1) T. X, p. 445.
(2) *Ibid.*, p. 453.

ble (1). — On ne doit pas être injuste et ne pas exiger d'un artiste la pureté et le désintéressement qu'on
trouve chez un Luther par exemple. Cependant il y a
chez Bach et Beethoven le rayonnement d'une nature
plus pure (2).

Le sens de ces remarques, c'est que Wagner a
passé dans le royaume de l'art comme un Napo-
léon qui édifie sa gloire et son œuvre éblouis-
sante en ruinant la postérité. Il a surmené, mis
hors d'usage les moyens d'expression de l'art et
accoutumé aux excès la sensibilité musicale de
l'auditeur. Les Bach, les Beethoven se sentaient
les usufruitiers d'une tradition qu'ils mettaient
leur honneur à laisser après eux plus riche et
plus pure.

La caractéristique morale que Nietzsche donne
ici de Wagner s'applique dans sa pensée à l'artiste. Le danger qu'il ne bouleversât l'art venait
du manque d'ordre et de noblesse de sa nature
géniale.

Dans cette nature, Nietzsche reconnaissait

(1) T. X, p. 441.
(2) *Ibid.*, p. 433.

que l'âge et aussi la terrible discipline personnelle, nécessaire à la réussite d'une entreprise
d'art, même composite, anarchique et décadente,
quand elle a des proportions fabuleuses, avaient
développé des parties hautes et graves.

Sa nature se partage peu à peu : à côté de Siegfried,
Walther, Tannhäuser, s'avancent Sachs, Wotan. Il
arrive à comprendre l'homme très tard. Tannhäuser
et Lohengrin sont élucubrations d'un adolescent (1).

Ailleurs il l'appelle « un homme discipliné par
l'instinct qui le pousse à l'art ».

Ces indications psychologiques très justes,
que Nietzsche ne creuse pas, se trouvent dans
ses notes. Dans *Richard Wagner*, il s'exprime
avec beaucoup plus d'étendue sur la lutte des
deux natures en Wagner, mais surtout dans un
sens bien différent. Et c'est à ce propos que nous
osons dire : Non, quoi qu'il ait prétendu plus tard,
dans un souvenir sans doute trop sommaire de
son écrit, ce n'est pas Nietzsche que Nietzsche
a peint ici. Ces traits conviennent-ils à Wagner?

(1) T. X, p. 444.

Ils n'ont jamais convenu à Nietzsche. Et je ne sais même comment accorder la conception morale dont ce portrait s'inspire avec l' « immoralisme », que Nietzsche se louait d'avoir professé dès le début et qu'il montre déjà présent dans l'inspiration de son ouvrage de jeunesse: *la Naissance de la tragédie*. Le développement intellectuel et esthétique qui a porté un grand artiste au sommet de sa puissance créatrice et à toute l'ampleur de sa manière y apparaît identifié à l'amélioration morale ou à la conversion mystique d'un homme possédé par des instincts diaboliques.

Avec l'apparition de sa puberté intellectuelle et morale commence aussi le drame de sa vie. Et comme le spectacle en est alors changé ! Sa nature paraît simplifiée d'une manière effrayante, déchirée en deux instincts ou sphères. Tout au fond bouillonne, fougueux torrent, une volonté violente, qui veut, pour ainsi dire, percer jusqu'à la lumière par tous les chemins, tous les ravins, toutes les gorges et aspire à la puissance. Seule une force complètement pure et libre était capable de montrer à cette volonté la voie qui mène à ce qui est bon et bienfaisant. Combinés

avec une intelligence étroite, les désirs tyranniques
et sans frein d'une telle volonté eussent pu devenir
fatals; en tout cas, il était nécessaire qu'une issue
vers le grand air se trouvât bientôt et qu'une atmosphère limpide, la lumière du soleil pénétrassent. Un
puissant effort, que nous voyons perpétuellement condamné à ne pas réussir, rend méchant. L'échec peut
quelquefois tenir aux circonstances, à l'immutabilité
du destin, non pas au manque de force; mais celui
qui, malgré cet échec, ne peut renoncer à son effort,
commence, pour ainsi dire, à souffrir d'un ulcère
interne qui le rend irritable et injuste. Peut-être cher-
che-t-il dans les autres les causes de son insuccès;
et même il peut aller, dans une haine passionnée, jusqu'à traiter l'univers en coupable; peut-être encore se
jette-il, bravant tout, en des chemins détournés et
tortueux; ou exerce-t-il la violence; c'est ainsi qu'il
arrive que des natures bonnes tournent au farouche
dans leur marche même vers le meilleur. Même parmi ceux qui ne poursuivaient que leur propre purification morale, cénobites et moines, il se trouve de ces
natures devenues farouches, et malades jusqu'à la
dernière fibre, de ces hommes minés et rongés par
l'insuccès. Il y avait un esprit plein d'amour, sura-
bondant en bonté et en douceur, tendrement persua-
sif, haïssant l'action violente et la destruction de soi-
même et ne voulant voir de chaînes à personne: cet

esprit parla à Wagner. Il s'abaissa vers lui, l'enveloppa, consolateur, de ses ailes et lui montra la voie ! Nous jetons un regard dans l'autre sphère de la nature de Wagner ! Mais comment la décrire (1)?

Psychologie nébuleuse, dira-t-on ! En apparence seulement. Et cette apparence vient d'un certain pathos, bien peu selon le goût français. Du moins ce portrait n'est-il pas sans ressemblance avec celui que Rousseau et tous ses élèves ont tracé d'eux-mêmes. Ce mélange d'ange et de démon, de maladie et de sublime, de misère et d'idéalisme, d'enfer et de ciel, a les plus mauvais relents. Tout comme il prend maintenant en bonne part ses observations au fond les plus négatives sur l'art de Wagner, Nietzsche n'aura plus tard qu'à prendre en mauvaise part cette psychologie pour en faire la pathologie des natures romantiques.

Mais qu'il l'applique présentement à lui-même ou à Wagner, il faut qu'un profond désordre règne encore dans certaines parties de son esprit

(1) *R. W. in B....*, p. 504.

pour que l'homme qu'il peint sous cette figure convulsée, et surtout équivoque, disputée entre l'abandon aux plus violents instincts et l'extase effrénée, soit présenté par lui comme le rénovateur de la culture intellectuelle, esthétique et morale, un maître des idées, des sentiments et des mœurs (1).

Et c'est ici qu'après avoir cherché à ne voir entre la pensée secrète et la pensée publique de Nietzsche que la différence du coup de pouce, nous sommes bien obligés d'avouer l'étendue de la contradiction criante et curieuse.

Que disait Nietzsche dans ses notes de 1874? Ceci :

Comment Wagner se recruta-t-il des partisans? Ces partisans furent des chanteurs qui devinrent intéressants comme artistes dramatiques et à qui s'offrait ainsi un moyen tout à fait nouveau de faire effet, peut-être avec peu de voix; des musiciens, qui du maître de la déclamation apprirent ceci : la déclamation doit être si géniale qu'elle ne laisse pas pren-

(1) Il écrivait en 1878 : « Mon portrait de Wagner passait par-dessus sa tête ; j'avais dépeint un monstre idéal, mais qui est peut-être capable d'enflammer des artistes » (t. XI, p. 381).

dre conscience de ce qui est l'œuvre elle-même ; des
musiciens d'orchestre de théâtre, qui auparavant s'en-
nuyaient ; des compositeurs qui pratiquaient les procédés matériels pour enivrer ou fasciner l'auditeur et
qui apprirent à manier les effets de couleur de l'orchestre wagnérien ; toutes les sortes de mécontents,
lesquels à chaque bouleversement espéraient avoir
quelque chose à gagner ; des hommes qui s'enthou-
siasment pour chaque soi-disant « progrès » ; ceux-
là que la musique antérieure à Wagner ennuyait et
qui trouvaient maintenant leurs nerfs plus fortement
remués ; ceux encore qui s'emballent pour tout ce qui
est téméraire et audacieux. — Il avait pour lui tantôt les virtuoses, tantôt une partie des compositeurs ;
— ou les uns ou les autres se passeraient difficilement
de lui. Il avait encore des littérateurs qu'agitent toutes
sortes d'obscurs besoins de réforme ; des artistes qui
admirent la vie indépendante (1).

Il écrivait encore ceci :

On doit bien songer quelle sorte d'époque se crée
ici un art : une époque en dissolution, hors d'haleine,
sans piété, cupide, sans forme, mal assurée sur ses
fondements, presque désespérée, sans naïveté, entiè-
rement consciente, sans noblesse, violente, lâche (2).

(1) T. X, p. 446.
(2) *Ibid.*, p. 448.

Richard Wagner à Bayreuth est une apologie. Mais quel est exactement le sens de cette apologie?

L'art de Wagner est une école d'héroïsme.

Pour nous Bayreuth signifie la consécration matinale au jour de combat (1).

Et quel combat? Celui qu'une jeunesse généreuse rêve d'entreprendre contre le règne de « la violence, du mensonge, de l'injustice, de l'ignorance ». Wagner ne livre pas précisément ce combat, mais il en rend les âmes capables :

Les luttes qu'il représente sont des simplifications des luttes réelles de la vie; ses problèmes sont des abréviations du calcul infiniment compliqué des actions et volitions humaines. Mais la grandeur et la nécessité de l'art consistent précisément en ce qu'il suscite l'apparence d'un monde plus simple, d'une solution plus brève des énigmes de la vie (2).

Par opposition à l'art moderne qui « se propose pour tâche de procurer l'apathie ou l'i-

(1) *R. W. in B.*, p. 520.
(2) *Ibid.*, p. 522. A la lettre, le texte parle de l'art en général, mais s'applique dans la pensée de l'auteur à l'art de Wagner.

vresse (1) » et par là d'endormir « la mauvaise conscience », Nietzsche appelle ici Wagner « le nouveau porteur de lumière (2) ». Mais cette

(1) *R. W. in B.*, p. 535.

(2) *Ibid.*, p. 536. « Ils haïssent la lumière qui les éclaire sur eux-mêmes, ils se dérobent au nouveau porteur de lumière ; mais il s'attache à leur pas, contraint par l'amour, dont il est né et il veut les contraindre. « Vous devez traverser mes mystères, leur crie-t-il ; vous y trouverez les purifications et les commotions dont vous avez besoin. Osez-le pour votre salut et laissez une bonne fois ce fragment de la nature et de la vie éclairé d'un jour trouble, que vous paraissez seul connaître ; je vous conduis dans un royaume qui est également réel : vous-mêmes direz en revenant de ma caverne à votre jour quelle vie est la plus réelle et où est, à proprement parler, le jour, où la caverne. La nature est, à mesure qu'on pénètre en son fond, plus riche, plus puissante, plus radieuse, plus terrible ; vous ne la connaissez pas, vivant comme vous êtes habitués à vivre ; apprenez à redevenir nature vous-mêmes et laissez-vous ensuite transformer avec elle et en elle par mon charme d'amour et de feu. » C'est la voix de l'art de Wagner qui parle ainsi aux hommes. Et qu'à nous, enfants d'une époque lamentable, il ait été donné d'entendre les premiers sa voix, cela montre combien cette époque précisément est digne de pitié. »

Ce passage donnera le ton de tous ceux où l'art wagnérien est proposé comme « régénerateur » de l'âme moderne. Mais répétons une remarque dont l'occasion s'est plusieurs fois produite. Quand Nietzsche en viendra à professer la haine de l'art de Wagner, il n'aura pas besoin d'autres caractéristiques que celle qu'il emploie ici. Que nous « redevenions nature », c'est-à-dire que l'âme cesse de se posséder elle-même sous les impressions de la musique de Wagner, c'est justement ce dont il se plaindra. Et il jugera notre époque « digne de pitié » pour avoir trouvé son expression dans cet art. Il n'aura qu'à redire les mêmes choses sèchement, sans lyrisme, avec le mot propre, au demeurant avec ou sans équité.

caractéristique de l'art moderne ne se rapproche-t-elle pas étrangement de celle qu'il appliquait tout à l'heure à l'art de Wagner ?

Une des idées sur lesquelles Nietzsche insiste le plus dans *Richard Wagner à Bayreuth*, c'est que Wagner, par son inspiration, est l'interprète de l'âme populaire, cette réserve de poésie et de génie d'une société tyrannique et factice, et par là le libérateur et l'éducateur du « peuple ».

Il était devenu révolutionnaire par pitié pour le peuple. Dorénavant il l'aima et aspira vers lui comme il aspirait vers son art, car, hélas ! en lui seul, en ce peuple disparu, dont on ne pouvait presque plus se faire une image, artificiellement dérobé au regard, il voyait maintenant l'unique spectateur et auditeur seul digne, de la puissance de l'œuvre d'art qu'il rêvait et seul capable de la sentir (1).

Tandis qu'il avançait en silence sa grande œuvre et ajoutait partitions à partitions, il se passa quelque chose qui lui fit prêter l'oreille : les amis vinrent lui annoncer un mouvement souterrain d'un grand nombre d'âmes — ce n'était pas encore le « peuple » qui s'agitait et s'annonçait ici, il s'en fallait de beaucoup,

(1) *R. W. in B.*, p. 550.

mais peut-être le germe, la première source de vie d'une société destinée à la perfection dans un avenir lointain, vraiment humaine (1).

Bref, l'œuvre de Wagner est, dans toute l'acception du mot, la « bonne nouvelle ». Elle porte en elle rajeunissement, régénération de la société par le peuple.

Or, comment, dans ses cahiers, Nietzsche parlait-il du rapport de l'œuvre de Wagner au peuple?

Ne pas oublier ceci : c'est une langue de théâtre que parle l'art de Wagner ; elle n'appartient pas à la « chambre ». C'est éloquence pour le peuple, genre qui exige qu'on rende fortement grossier même ce qu'il y a de plus noble. Il s'agit de porter à grande distance et de cimenter le chaos populaire. Exemple : la marche impériale (2).

Nous pourrions prodiguer les exemples de ces contradictions brutales d'idées et de sentiments. Il nous suffit que ceux allégués soient caractéristiques.

Une solution facile est celle que Nietzsche

(1) *R. W. in B.*, p. 555.
(2) *Ibid.*, p. 449.

nous a proposée lui-même et qui a déja été
repoussée en partie : dans ses cahiers, Wagner
est mis pour Wagner et dans son écrit public
Wagner est mis pour Nietzsche. Le restaurateur
de la culture européenne dont il est question ici,
c'est lui, c'est Zarathustra. Malheureusement la
psychologie la plus élémentaire nous interdit de
penser que cette substitution ait été une ruse
consciente. C'est instinctivement que Nietzsche
se cherche lui-même dans le héros qu'il semble
célébrer. Or, il n'y a pas d'état de l'esprit ni de
l'âme plus trouble, plus mal assis que celui où
l'écrivain est asservi à sa propre personnalité au
point d'être impuissant à traiter d'autre chose
que d'elle, quel que soit l'objet apparent de sa
dissertation. Cet objet ne laissant pas de s'im-
poser jusqu'à un certain point, les traits se mêlent, la pensée se meut dans un domaine incer-
tain qui n'est ni le moi ni le non-moi. De là le
caractère d'ambiguïté de *Richard Wagner* pris
dans son ensemble.

La part faite et largement faite à cette ambiguïté, et à prendre *Richard Wagner* pour la glorification de Wagner que personne ne douta qu'il ne fût, le parti, au premier abord sibizarre, formé par Nietzsche, d'écrire l'apologie d'un artiste et d'un art dont il était si profondément désillusionné, se peut d'un certain point de vue, et, jusqu'à un certain point, légitimer. Au milieu même des notes les plus dépréciatrices, les textes suivants, tout en confirmant nettement la critique et la satire, amorcent, si j'ose ainsi dire, l'apologétique.

La musique ne vaut pas grand'chose, la poésie non plus, le drame non plus, l'art théâtral n'est souvent que réthorique — mais le tout vu en grand est un et à la même hauteur (1).

Sérieusement, il est possible que Wagner détruise chez les Allemands le goût des arts particuliers pris séparément. Peut-être même est-ce une répercussion de son œuvre qui a fait concevoir l'image d'une culture d'ensemble, laquelle ne peut être atteinte par l'addition de talents et de connaissances particulières.

Il a le sentiment de l'unité dans la différence —

(1) T. **X**, 3o1.

17.

c'est pourquoi je le tiens pour un *porteur de culture* (1).

En d'autres termes, tous les éléments dont se compose l'œuvre d'art wagnérienne, drame, idées, poésie, musique, décor, mise en scène, sont, pris à part, de peu de valeur. La combinaison de tous ces éléments, en vue d'un effet colossal, est, du point de vue esthétique, tout ce qu'il y a de plus suspect, de moins pur. Mais il y a, dans l'entreprise souverainement audacieuse d'avoir réuni tous ces éléments, associé dans une œuvre unique les moyens de tous les arts, quelque chose de grand et qui s'impose. Et ce n'est pas tout. Wagner a conçu et présenté son œuvre comme un centre de perspective nouveau sur la religion, la politique, la morale. Il a voulu être par cette œuvre réformateur universel.

Or, si cette entreprise de refonte et de réforme de toutes les parties de l'institution et de la culture humaine est une nécessité vitale pour l'époque moderne, il n'est pas nécessaire que

(1) T. X, 450.

Wagner en ait compris les véritables principes
et la véritable direction pour être grand. Il suffit qu'il en ait aperçu la nécessité et qu'il n'ait
pas tenté moins. En imposant à tous les arts, à
tous leurs moyens, un emploi qu'ils n'avaient
jamais reçu, si forcé et même si peu à imiter soit-
il pour l'avenir, il a remis en question toute
l'esthétique et, par elle, de proche en proche,
tous les éléments de la culture, des mœurs et
de l'ordre social.

Parce que Wagner, après avoir arraché à
leur domaine, à leurs destinations et à leurs dis-
ciplines traditionnelles toute les forces esthétiques, en a refait, en prodigieux « improvisa-
teur », la synthèse dans son œuvre d'art, cette
synthèse fût-elle au fond grossière et fragile,
Wagner n'en mérite pas moins d'être appelé
un « simplificateur du monde (1) ». C'est le titre
qui convient à tous les esprits de qui partent
les grandes impulsions et rénovations.

Voilà, je crois, l'idée plus ou moins cons-

(1) *R. W. in B.*, p. 524.

ciente, qui s'ajouta aux raisons sentimentales tirées de l'amitié et du souvenir pour mettre la plume à la main de Nietzsche célébrateur de Wagner. On remarquera qu'elle lui permettait de prêter en partie à Wagner ses conceptions propres, ses rêves, sa personnalité, sans être précisément insincère. C'est une idée qu'il faut bien appeler révolutionnaire et prophétique. On ne la juge pas et on se garde surtout de l'approuver en elle-même.On veut dire qu'elle fournit une interprétation d'ensemble de *Richard Wagner à Bayreuth*, qui supprime dans une large mesure le scandale logique et moral qui résulterait d'une comparaison détaillée du contenu de cet écrit apologétique avec les notes personnelles de Nietzsche sur Wagner.

III

Richard Wagner à Bayreuth contient en outre deux théories dignes d'attention sur la musique en général.

L'une n'est que l'extension des idées déjà connues de Nietzsche sur l'hégémonie de l'art musical. Si nous avons pu discuter celles-ci dans leur application à un problème esthétique précis (le rapport de la musique et du drame), il nous paraît malaisé d'exposer d'une façon vraiment consistante les raisons pour lesquelles Nietzsche attend de l'influence de la musique une rénovation totale des rapports entre les hommes.

Il y a une misère qui s'étend aujourd'hui aussi loin que la civilisation des peuples : partout le langage est atteint de maladie et sur tout l'ensemble du développement de l'humanité pèse le fardeau de cette maladie monstrueuse (1) !

Cette maladie consiste en ce que le langage, dont la destination primitive est l'expression du sentiment, a dû se prêter, à mesure des progrès de la science et de la civilisation, à l'expression de l'abstrait. Il s'y est desséché au point de perdre sa vertu première et de se rendre « inca-

(1) *R. W. in B.*, p. 525.

pable du service qui est sa seule raison d'être : aider ceux qui souffrent [c'est-à-dire les hommes] à s'expliquer les uns aux autres sur les plus simples souffrances de la vie. » Bien plus, le langage, ayant perdu son contact avec la nature, est devenu par lui-même un pouvoir qui fausse l'esprit des hommes; les idées toutes faites, les mots sonores prennent la place des pensées sincères et font des cerveaux artificiels.

Quand donc, dans une humanité atteinte de si profondes blessures, résonne la musique de nos maîtres allemands, à proprement parler, que nous fait-elle entendre ? Précisément rien autre chose que le sentiment juste qui est l'ennemi de toute convention, de tout ce qui rend artificiellement l'homme étranger et inintelligible à l'homme : cette musique est retour à la nature, en même temps qu'elle est purification et transformation de la nature; car, dans l'âme des hommes les plus pleins d'amour, la contrainte à ce retour à la nature a surgi, et dans leur art retentit la nature transformée en amour.

On pourrait demander à Nietzsche si vraiment, dans les poésies de Gœthe et des grands poètes allemands, le langage se montre si malade et impuissant à exprimer les subtils secrets du cœur. Mais visiblement cette théorie doit, en tant que théorie, être mise au compte des grandes étourderies romantiques. La tendance cependant en est très importante. Elle ne va pas à moins qu'à faire usurper par la musique la fonction de la poésie.

C'est, dirait Nietzsche, que la poésie ne peut plus la remplir. Ne serait-ce pas que les sensibilités sont devenues moins fines et que l'habitude des émotions plus matérielles de la musique a contribué précisément à amortir et alourdir leur réaction aux rythmes plus secrets, et aux nuances intellectuelles de la poésie ?

La seconde des théories auxquelles il a été fait allusion a pour objet une caractéristique comparative de la musique ancienne et de la moderne. Nietzsche ne cessera désormais de préciser cette comparaison, dont on peut même dire qu'elle fournira les fondements de son esthétique musicale définitive. Déjà il se montre sur ce sujet singulièrement pénétrant et ingénieux, bien que la préoccupation de glorifier la musique de Wagner fausse, à un certain degré, sa perspective historique.

Il dit que la composition musicale pré-beethovenienne s'inspirait d'un état émotionnel déterminé et s'attachait à en épuiser l'expression, sans admettre au moindre degré qu'un même morceau pût refléter et mêler deux émotions de qualités ou de nuances différentes, ce qui eût passé pour la rupture du style. Un état émotionnel susceptible de durer assez pour soutenir un développement musical prolongé et complet ne saurait être de nature violente ; c'est pourquoi l'ancienne musique était limitée à la traduction des sentiments graves, sévères, modérés. De là sa roideur. Un pas décisif vers la complexité d'où naît la chaleur de la vie fut accompli lorsque l'on admit dans un même morceau deux thèmes de qualités émotionnelles contrastantes, l'un fort, mâle, l'autre doux, féminin. (On sait que la forme symphonique est encore bâtie sur

cette dualité des thèmes générateurs et beaucoup
d'artistes considèrent que ce n'est pas là une
condition conventionnelle, locale, de l'art symphonique, comme l'unité de temps et de lieu de
notre ancienne tragédie, mais une condition dic-
tée par la raison et la nature des choses, comme
l'unité d'action dans le drame.) Beethoven, poursuit Nietzsche, fit le premier parler à la musique
un nouveau langage, le langage jusque-là interdit de la passion. Mais parce qu'il se sentait
encore justiciable de la forme traditionnelle, il
souffrit d'une contradiction radicale entre ce
qu'il voulait dire et la langue dans laquelle il
pouvait le dire. Car la passion est essentiellement dramatique, elle lutte contre l'âme entière
et contre soi-même, elle retombe de l'exaltation
à la dépression; elle espère et désespère, supplie
et repousse, adore et maudit. L'ancienne forme
était moulée sur la courbe régulière ou majes-
tueuse d'une disposition d'âme capable de cons-
tance et de fidélité soutenue à soi-même. Nietzsche explique avec autant de bonheur que de

témérité comment Beethoven, dans sa dernière manière, résolut la difficulté dont son art avait été opprimé jusque-là. Dans le développement orageux de la passion, il choisit des points isolés, de courtes phrases, les exprima avec une vérité minutieuse dans les morceaux successifs de l'œuvre instrumentale, laissant à l'imagination de l'auditeur le soin de concevoir les intermédiaires et de recomposer l'ensemble, accordant ainsi l'unité formelle de chaque partie avec la liberté débordante du tout.

De ce rapide aperçu sur l'histoire de la musique découle l'objet de la tâche propre que Nietzsche loue *ici* Wagner d'avoir accomplie dans le domaine propre de cet art :

Tout l'effort de Wagner se dépensa à trouver tous les moyens qui servent à la *clarté* ; pour cela il lui fut avant tout nécessaire de s'affranchir des habitudes étroites et des exigences de la vieille musique des états d'âme et de faire parler à sa musique, qui est le mouvement même du sentiment et de la passion sous forme sonore, un langage au sens parfaitement déterminé... Toute musique antérieure, mesurée à

celle de Wagner paraît raide ou timorée, comme si
on n'avait pas le droit de la regarder de tous les côtés,
comme si elle avait honte. Wagner s'empare de chaque degré et de chaque nuance du sentiment avec
la plus grande fermeté et précision ; il prend dans
sa main l'émotion la plus tendre, la plus subtile, la
plus douce, sans peur de la laisser échapper, et il
la retient comme une chose devenue solide et dure,
alors même qu'elle nous semblerait à tous un insai-
sissable papillon. Sa musique n'est jamais imprécise,
elle n'a rien [du vague] des dispositions émotionnelles ; tout ce qui parle par elle, homme ou nature, a
une passion rigoureusement individualisée ; la tem-
pête et le feu prennent chez lui la puissance impérieuse d'une volonté personnelle (1).

Cette description de la musique wagnérienne
nous ramène à notre perpétuel propos : contradiction et accord. Contradiction entre l'intention
de louange dans laquelle une certaine chose est
dite ici et l'intention de blâme dans laquelle
cette même chose est dite ailleurs ; accord entre
les caractéristiques qui servent de considérants
soit à l'admiration, soit à la critique. Cette

(1) *R. W. in B.*, p. 569.

« clarté », cette exactitude, ce « vérisme » ou naturalisme musical, n'est-ce pas très précisément ce que nous avons vu Nietzsche reprocher à Wagner? Ne disait-il pas que, par son application à peindre les mouvements de la passion dans la crudité de leur violence, Wagner était sorti des possibilités, avait attenté à l'être de la musique? N'ajoutait-il pas qu'il ne s'était composé ce langage musical destiné à tout imiter, à tout peindre, même ce qu'il y a de moins musical, qu'au moyen d'une masse d'emprunts, de « citations » empruntées à toute la musique du passé?

Il faut [qu'un artiste comme Wagner] ait à sa disposition une musique parvenue à une extrême richesse de développement, dans laquelle d'innombrables émotions possèdent une forme d'expression déterminée, reconnaissable et habituelle.

Mais s'il en est ainsi, c'est « cette vieille musique des émotions définies » qui a fourni à Wagner tous les éléments de sa langue, et celle-ci n'en est que la mosaïque, nouvelle seulement par la « complexité avec laquelle les éléments empruntés « s'entrelacent » à l'infini.

« Avec la nature sans style aucun, disait encore Nietzsche, l'art n'a rien à faire. » C'était implicitement donner pour une grandeur ce qu'il explique maintenant avoir été pour Beethoven une oppression et une contrainte. Que Beethoven ait jeté dans le lit de la musique un torrent de sensibilité et de passion, il n'est si grand artiste que pour avoir su le faire sans en rompre les bords. Comme la puissance des flots n'est rendue sensible que par la résistance du roc, ainsi « l'ivresse dithyrambique » de la belle musique ne peut s'exalter que par sa lutte contre la majesté et la haute intransigeance de la forme et du style qui la domptent. Donner du style à la passion, n'est-ce pas le tout de l'art ?

IV

Tel fut, de son adolescence aux environs de sa trentième année, le mouvement des idées de

Nietzsche sur l'esthétique musicale. Nous n'avons d'autre prétention que d'avoir élucidé et rapproché les textes, pour la plupart obscurs ou disséminés, où ces idées s'expriment. L'intérêt de ces textes paraîtra vif à ceux-là surtout qui partagent notre conviction sur le profond désarroi doctrinal où l'influence à la fois féconde et perturbatrice de Wagner a jeté la musique, et sur la stérilité qui résulterait finalement de ce désarroi, si une investigation serrée des principes, des règles et des fins esthétiques de la musique n'aboutissait bientôt à la restauration de la doctrine.

FIN

TABLE

—

ACHEVÉ D'IMPRIMER

le vingt février mil neuf cent sept

PAR

BLAIS ET ROY

A POITIERS

pour le

MERCVRE

DE

FRANCE